はじめに

国連の障害者権利条約に「手話は言語」の定義が盛り込まれたことにより、国連で9月23日が「手話言語の国際デー」と定められました。そして、この前後の一週間を「国際ろう者週間」として各国で祝われる等、世界的に「国際手話(International Sign)」が注目を浴びています。

近年では、2017年6月に行われた全日本ろうあ連盟創立70周年記念「第65回全国ろうあ者大会 in FUKUOKA」での世界ろう連盟理事を招いての行事や、国際連合(UN)・国連アジア太平洋経済社会委員会(ESCAP)での会議等、日本人の国際手話通訳者の活躍の場が広がってきています。また、2020年の東京オリンピック・パラリンピックの開催、2025年デフリンピック日本招致など機運の高まりとともに、来日する多くの外国のろう者との交流に「国際手話」は欠かせないものとなってきました。

全日本ろうあ連盟は、過去に国際手話に関する書籍として、「ジェスチューノ」(1979年)、「国際手話のハンドブック」(2002年)の2冊を発行・編集、そして多くの方々からの要望に応えて今回、3冊目を発刊いたしました。

本書は、海外旅行の際、現地のろう者とのコミュニケーションの基本「あいさつ、観光、乗り物、買い物、レストラン、スポーツ、病院、トラブル」などで構成しており、英語も列記することで、日本人だけでなく外国人も使えることをコンセプトとしました。また、国際手話の特徴、体験談、世界のろう者の文化などのコラムも掲載し、必要な知識も習得でき、国際手話に初めて触れる方に最適な図書となっています。

さあ！ あなたもLet's Try国際手話！

本書を通して国際手話を学ばれ、世界中のろう者との交流に役立てていただけることを心より願っております。

一般財団法人全日本ろうあ連盟
理事長　石野　富志三郎

『Let's Try 国際手話』
目次

この本の学びかた、見かた

❶この本の学びかた

　第1章「会話の基本」では「肯定・否定・疑問」の基本的な国際手話の表現を解説しています。そのうえで第2章の会話に進んでいただくとスムーズに学習できると思います。

　第3章は第2章の会話に合わせて場面ごとの単語を掲載しました。会話の単語を入れ替えて学習すると、より豊かな国際手話を学べます。また、会話文・単語に日本語と英語を並記しました。国際手話とあわせて英語の学習にも役立ててください。

❷この本の見かた

- 会話文では、国際手話を表す順番に❶❷❸‥と番号がついています。

- 手の動きは右手を基本にしていますが、左手を基本に表すモデルもいます。どちらの動きでもかまいません。

- ページの下にQRコードがあります。動画で国際手話を確認できます。

- 国際手話の順番が写真と動画で異なる場合があります。どちらで表してもかまいません。

❸記号の見かた

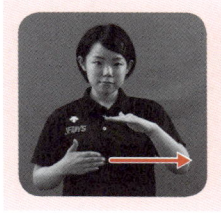 
手の動き

繰り返す動き

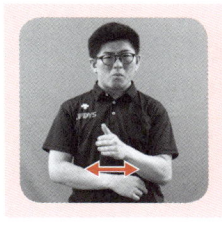
往復の動き

手前から奥への動き

奥から手前への動き

前後交互の動き

① ②
動きの順序

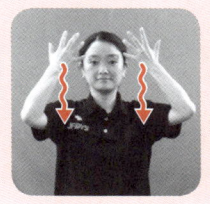 
波うたせる動き

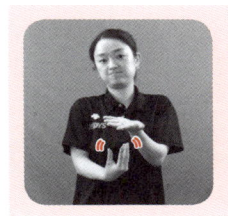 
小刻みに揺らす動き

国際手話とは？

　最近、国際交流が進み、日本のろう者も外国のろう者と接する機会が増えてきました。

　初めて会う外国のろう者とコミュニケーションをとるとき、ろう者はどのようにしているのでしょう。

　まずは自分の手話言語（第一言語・母語）で話しかけることから始まります。

　「この手話言語なら」と思うもので話しかけたり、自分または相手の手話言語をもとに新しく作って表してみたり、いろいろ工夫しながら通じる手話言語を探しだして試してみます。すると、相手のろう者も同じようにして話しかけ、お互い理解できる手話言語を作り上げていきます。

　このように異なる言語がお互いに影響をうけることを接触言語といいますが、異国のろう者同士が会って交流するときに生まれるコミュニケーション手段を、私たちはInternational Sign、訳して「国際手話」と呼んでいます。

　外国のろう者との交流に慣れている者なら、ほんの二言三言交わしただけでそのコツがつかめ、一、二日あれば外国のろう者と複雑なコミュニケーションがとれるようにもなります。これは音声言語の世界では見られない事象で、本当に不思議に思うことがありますが、一方で手話言語は世界共通という誤解を招く原因にもなっています。

　音声言語ならばそうはいかないことは、手話言語に関わっておられる皆さんなら、もう経験されていることと思います。

●初めて外国のろう者と話すときは

　では、国際手話を知らない異国のろう者同士が初めて会って話すときはどうしているのでしょう。

　コミュニケーションをとり始めた場面を最初から注意深く観察してみると、次のような段階を経て国際手話化していくことがわかります。

●まず、自分の手話言語を表現しながら相手の反応をみます。

●その手話語彙が通じればそれを覚え、通じなければ、相手とその語彙の表し方

を摺り合わせながらピックアップします。
- 文法も同様です。お互い相手の反応をみながら、二つの手話言語を交差させながら表現していきます。
- なので、ある語(句)は自分の手話言語で、でも文法は相手の手話言語の文法で表してしまうというように、この段階ではまだぎこちない表現です。
- これを繰り返しながら、通じる語彙や文法を深めていきます。
- するとある時点で使用手話言語の国際手話への収束、語彙および文法の国際手話化が完成します。

いずれにしても国際手話に関する研究・言語的位置付けは序章にさしかかったばかりです。

● 国際手話がクローズアップ

以前は、国際規模のろう者が集うところといえば、4年に一回の世界ろう者会議か、デフリンピックしかありませんでした。しかし、今は毎年、国際規模の集いがどこかで開催されるようになっています。海外旅行をするろう者も増え、外国のろう者に会う機会も一段と増しました。さらに、インターネットの普及によるビデオチャットの浸透などで、ろう者の世界でも急速にグローバル化が進んでいます。

それが今まで接触言語で、不完全で未熟な言語として扱われてきた国際手話を否応なしに表舞台に押し上げつつあります。

また、第二言語としての国際手話の定着化が日本でも各地に見られるようになってきています。そして、国際手話はろう者の価値観のグローバルスタンダードのツールとなりつつあります。

2020年にオリンピック、パラリンピックが日本で開催されます。外国のろう者が大勢日本に来られることでしょう。この機会に皆さんも外国のろう者と楽しく会話できるよう、国際手話にトライしてみましょう。

モデルの紹介

吉田　航

楽しみながら国際手話を覚えられるように と想いを込めて製作に関わりました。 この本が皆様の国際交流にプラスとな ることを願っています。 私たちと一緒にLet's Try!

岡本　麻佑

言葉が違っても国際手話ひとつで世界 への視野が広がってきます。覚えていく 喜びを味わっていただけたら嬉しいで す。楽しく国際手話を学び、人へ人へ繋 げていきましょう♪

安斎　美和子

国際手話を覚えたい!この本に出会えてよかっ たと思ってもらえるように、私たちも工夫しな がら楽しく撮影しました。短い時間でしたが、 覚えが悪い私でも自然に覚えられるようにな りました。ぜひ、皆さんも国際手話を身につけ ていろいろな国の人と交流しましょう。

野添　亘

国際交流するにはうってつけの本です。 写真だけでなく、動画もあるので、手話 表現がよりわかりやすくなっています。 この本を読むことで国際手話を、国際 交流の楽しみを知ってもらえたらと思い ます。

一般財団法人全日本ろうあ連盟青年部

第1章

会話の基本

手話言語全てに言えることですが、国際手話も表情や視線、手の動きの大きさや速さなどで、さまざまな意味を伝えます。特に顔の表情で意味を伝えることが大切になります。

ここでは、会話の基本になる「疑問・肯定・否定」の国際手話の表し方について説明しましょう。

≪疑問≫

● 人にものをたずねる時は‥

疑問文の時は、顔の表情や頭の動きで表現します。

日本語（音声言語）では、人にものをたずねる時に「～ですか?」などの終助詞をつけますが、国際手話では手による単語の表現と同時に、頭の動きや顔の表情で疑問形を表します。

特に視線の動きや眉の動きが大切です。

● 説明してほしい時は‥

「何（what）」「誰（who）」「いつ（when）」「どこ（where）」のように答えを明確にする質問のときは、文末に「眉下げ」、「眉をひそめる」の表情をつけ、あごを少し前に突き出して、相手の顔を見ながら小刻みに左右に首を振る「あごふり」の動作で表します。

● 「wh」で始まる疑問を表してみましょう

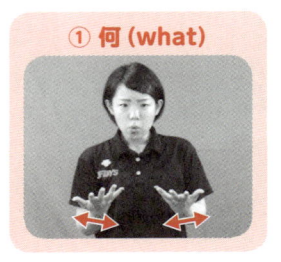
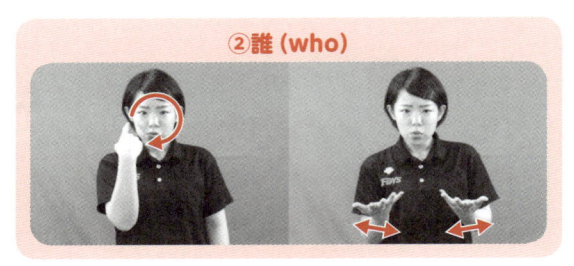

③いつ (when)

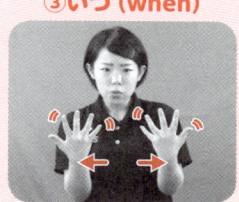

④どこ (where)

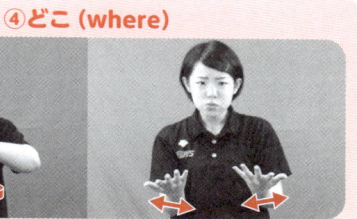

⑤なぜ (A) (why)

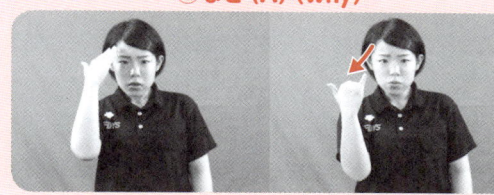

⑥なぜ (B) (why)

⑦どちら (which)

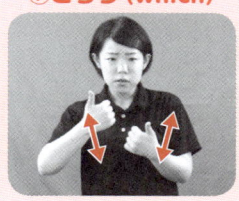

⑧どうやって (how)

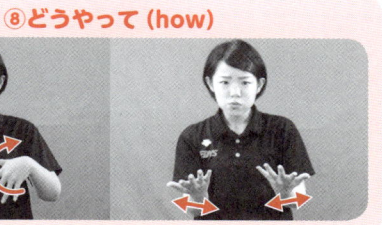

● 「はい(yes)」か「いいえ(no)」で答えてもらうには‥

「はい(yes)」または「いいえ(no)」で答えてもらう質問は、文末に「眉上げ」の表情をつけ、あごを少し引いて相手を上目遣いに見るような動作で表します。

≪肯定・否定≫

私たちがいつもしているように、肯定の時は首を縦に、否定の時は首を横に振ります。特に否定の時は手話の表現とともに、眉を寄せて頭を左右に振ります。

「はい（yes）」は「はい（yes）」、「いいえ（no）」は「いいえ（no）」と、はっきり相手に伝えることも大切なことです。

はい (yes)

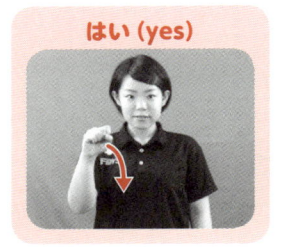

いいえ (no)

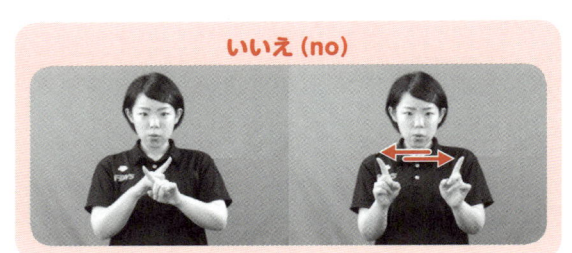

≪国際手話で話すときに気を付けたいこと≫

- 日本人が国際手話で話すとき、つい日本語の口形で表してしまう人がいますが、外国人は混乱してしまいます。日本語の口形は使わないようにしましょう。

- 日本では通じる身振りが、国際交流の場面では通じないことがあるので注意が必要です。

  たとえば日本では普通に使う身振り「OK」（親指と人差し指で丸をつくる）は、ある国では侮辱的な意味を持つことがあります。アルファベットの「O」「K」で表しましょう。

- 国際手話では「私」・「自分」は自分の胸を指さします。日本では自分の顔を指さすことが多くありますが、外国人にはそれは理解できません。

動画で
確認!!

第2章

シーンごとの会話

あいさつ-1　会話

Q

こんにちは！ 会えて嬉しいよ！
(Hello! I'm glad to meet you!)

はーい・ハロー (hello)	嬉しい (glad)	会う (meet)	あなた (you)

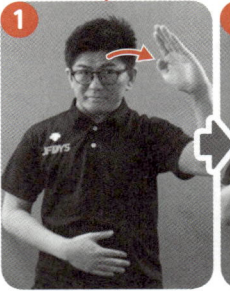  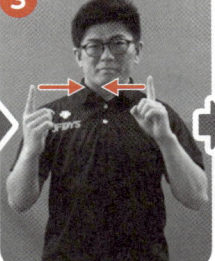 

A

私も、嬉しい！
(I'm glad to meet you, too!)

私 (I)	同じ (same)

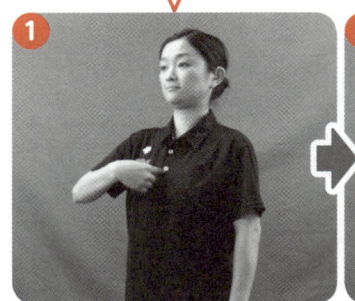 

動画で
確認!!

あいさつ-2 会話

Q ごめんなさい。あなたの名前は何でしたっけ？
(I'm sorry. What was your name, again?)

ごめんなさい (sorry)	忘れる (forget)	あなた／名前 (your/name)	何 (what)

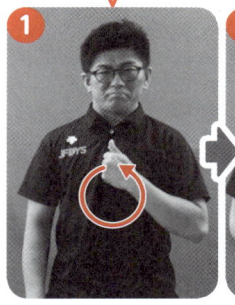 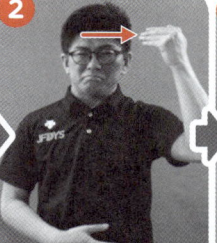 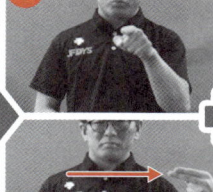 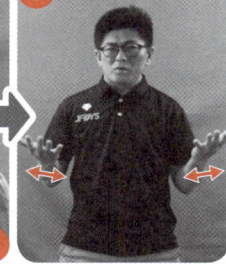

A 私の名前は佐藤です。
(My name is Sato.)

私 (I)	佐藤 (Sato)

動画で確認!!

15

第2章　シーンごとの会話

あいさつ -3　　会話

Q

やあ、元気でやってる？
(Hi, how are you doing?)

やあ (hi)	体 (body)	グー (good)

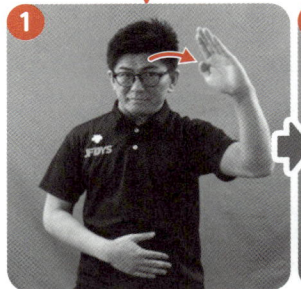 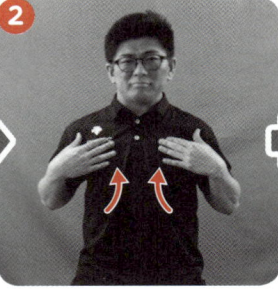 

A

元気だよ。／ふつう（まあまあ）。／疲れてる。
(I'm good. ／ I'm all right. ／ I'm tired.)

グー (good)	まあまあ (all right)	疲労 (tired)

 動画で確認!!

あいさつ-4　　会話

Q

もう帰るね。また連絡するね。
(I'm going home now. I will contact you again.)

| 私
(I) | 出る
(go) | あと
(later) | 連絡する
(contact) |

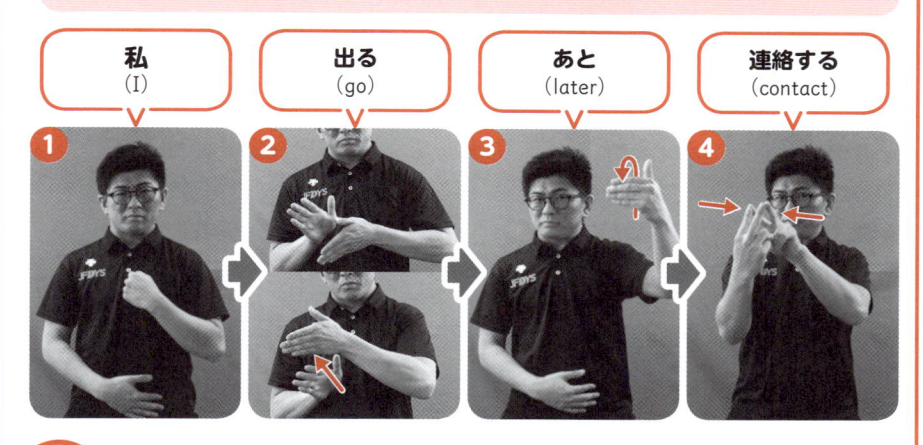

A

OK！　また会いましょう。
(OK! Hope to see you again.)

| O／K
(OK) | 後
(later) | 会う
(meet) | グー
(good) |

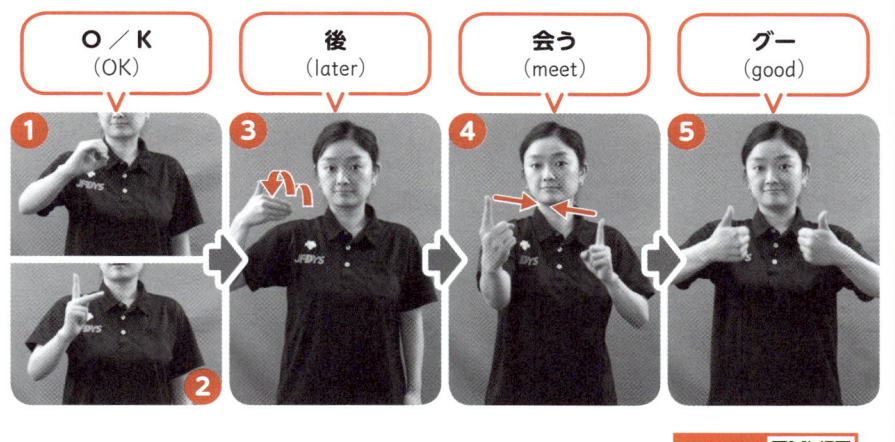

動画で
確認!!

第2章 シーンごとの会話

あいさつ-5 　会話

Q

あなた、どこから来たの？
（Where are you from?）

あなた （you）	飛行機 （airplane）	向こう （over there）	何 （what）

 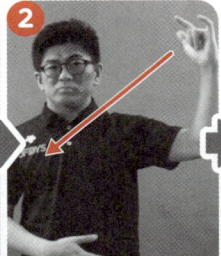  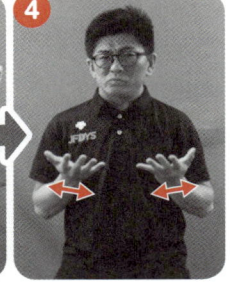

A①

日本から来ました。あなたは？
（I'm from Japan. How about you?）

私 （I）	飛行機 （airplane）	日本 （Japan）	あなた （you）

 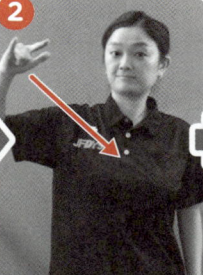 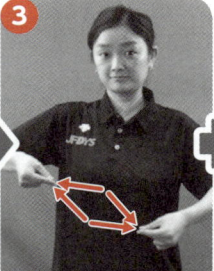 

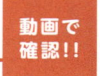 動画で確認!!

あいさつ-5　　　　会話

イタリアから来ました。
（I'm from Italy.）

| 私 (I) | イタリア (Italy) |

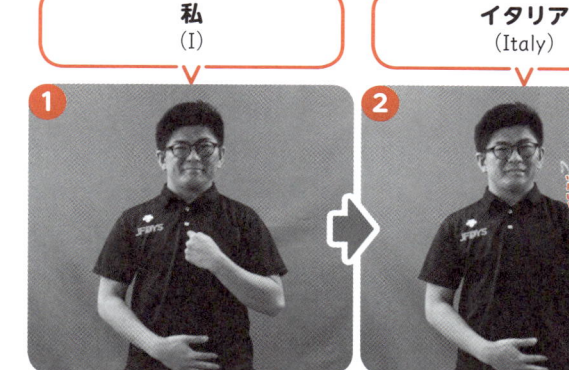

サインネーム

　ろう者の世界では、人の名前を表す時にサインネームを使います。サインネームは身体的特徴、たとえば髪型やえくぼ、ほくろなどをもとに表したものや、性格や癖、その人のしぐさや雰囲気をもとに表したものなどがあります。

　幼少期についたサインネームは生涯使われることが多く、日本では身体的な特徴やくせ、名前の漢字を使ったサインネーム、アメリカでは名前の頭文字を指文字で表したものが多くあります。

　たとえば、佐藤さんは「佐藤」→「砂糖」で日本の手話言語「砂糖」をサインネームにしたりします。外国のろう者と会ったときは、名前を指文字で覚えてもらうのは大変なので、サインネームで自己紹介をしてみてください。

郡 美矢

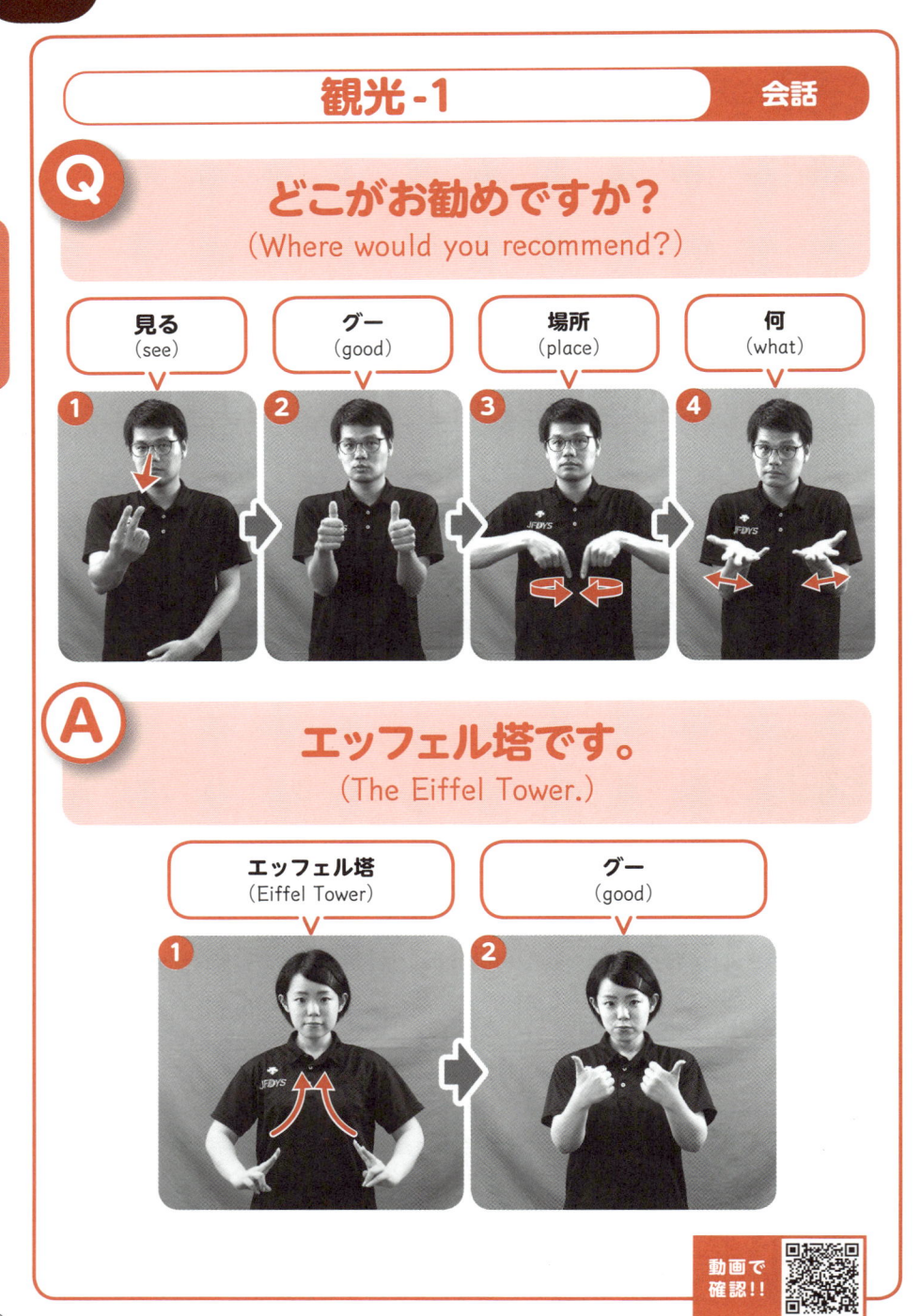

観光 -1　　会話

Q

どこがお勧めですか？
（Where would you recommend?）

見る (see)	グー (good)	場所 (place)	何 (what)
❶	❷	❸	❹

A

エッフェル塔です。
（The Eiffel Tower.）

エッフェル塔 (Eiffel Tower)	グー (good)
❶	❷

動画で確認!!

観光-2　会話

Q どうやって行きますか？
（How can I get there?）

行く
（go）

どうやって
（how）

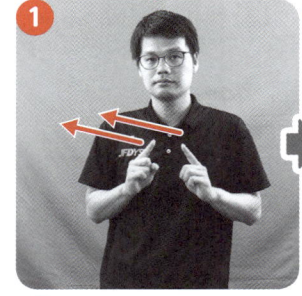

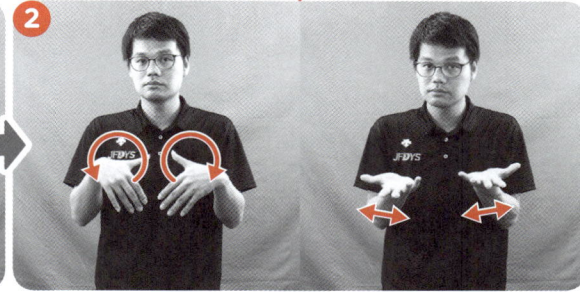

A 地下鉄です。
（By subway.）

地下鉄
（subway）

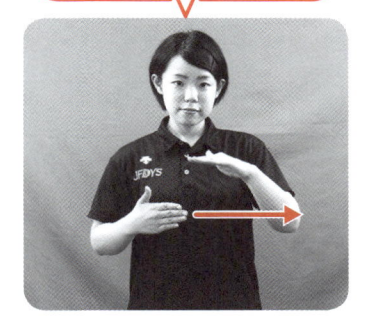

動画で
確認!!

観光-3　会話

Q エッフェル塔の入場料はいくらですか？
（What is the admission fee for the Eiffel Tower?）

エッフェル塔 （Eiffel Tower）	入る （enter）	お金 （money）	いくら （how much）
			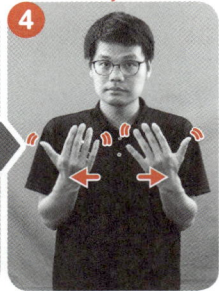

A 16ユーロです。
（It is 16 euros.）

ユーロ （euro）	10 （ten）	6 （six）
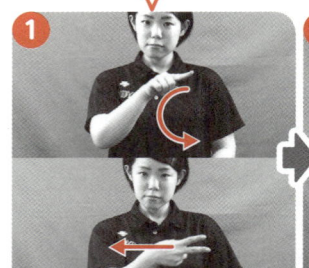	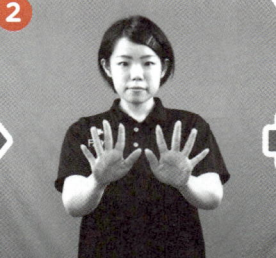	

動画で
確認!!

観光 -4 会話

チケットは何枚要りますか？
(How many tickets would you like?)

切符 (ticket)	人 (people)	いくつ (how many)

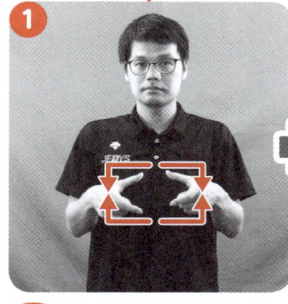  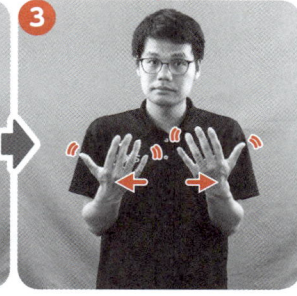

大人2人。子供3人です。
(Two adults and three children.)

大人 (adult)	2 (two)	子供 (child)	3 (three)

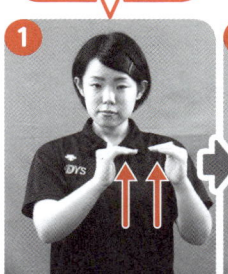   

動画で確認!!

観光 -5　　会話

Q

クレジットカードで買えますか？
（Can I use my credit card?）

クレジットカード
（credit card）

できる
（usable）

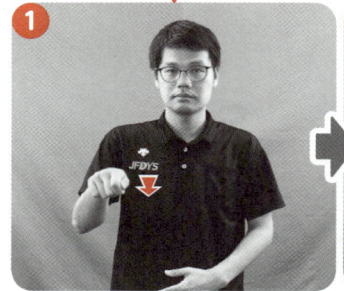
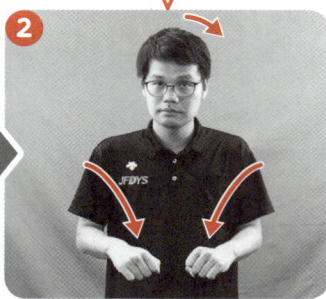

A

使えます。／使えません。
（Yes ／ No）

できる
（yes）

できない
（no）

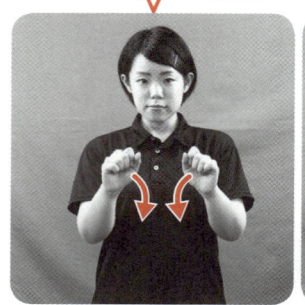
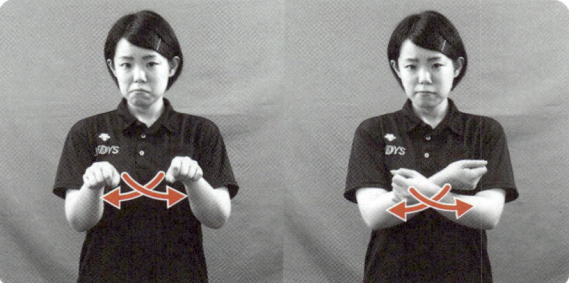

動画で
確認!!

観光-6　　会話

Q

一緒に撮っても良いですか？
（May I take a photo with you?）

第2章　シーンごとの会話

あなた／私（You・I）	一緒（together）	撮る（photo）	O／K（OK）

A

SNSにアップしても良いですか？
（May I upload it to an SNS?）

S／N／S（sns）	アップ（upload）	O／K（OK）

動画で確認!!

第2章
シーンごとの
会話

乗り物-1　　　会話

Q

どうやって行く？
（How can I get there?）

どうやって （how）	行く （go）

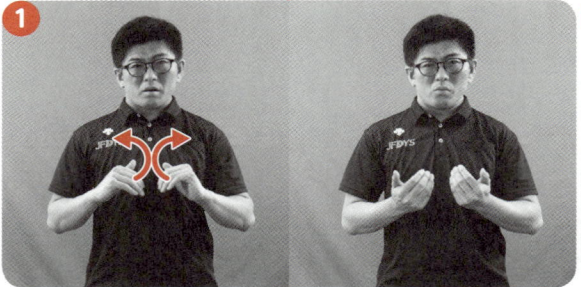

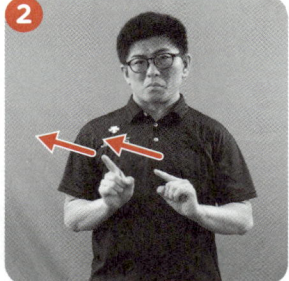

A

簡単だよ。タクシーで5分。
（It's easy. It takes 5 minutes by taxi.）

簡単 （easy）	タクシー （taxi）	5 （five）	分 （minutes）

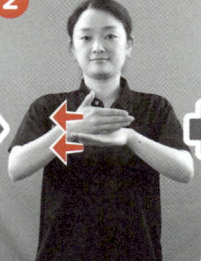

動画で
確認!!

乗り物-2　　会話

Q ホテルまでバスで行けますか？
(Can I get to the hotel by bus?)

できる (possible)	バス (bus)	行く (go)	ホテル (hotel)
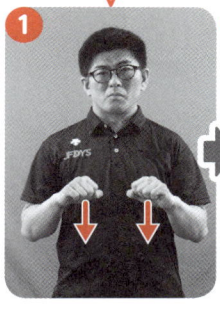			

A いいえ。電車で行ったほうが早いです。
(No. It is faster to go by train.)

いいえ (no)	電車 (train)	早い (fast)	より良い (better)
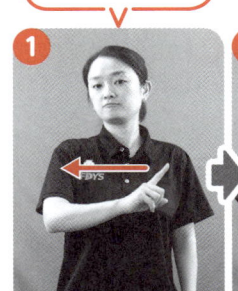			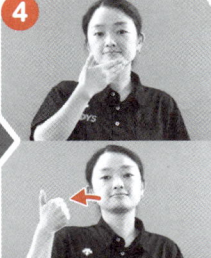

動画で確認!!

乗り物 -3 　　会話

Q

待ち時間はどのくらいですか？
(How long is the wait?)

待つ (wait)	時間 (time)	いくつ (how long)

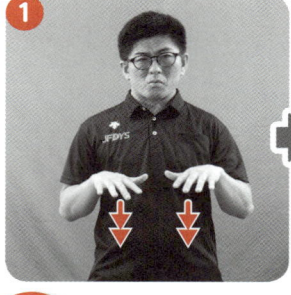  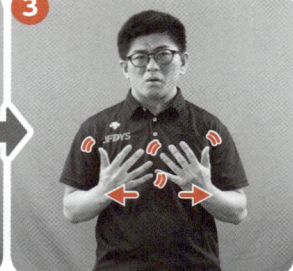

A

15分くらいです。
(About 15 minutes.)

くらい (about)	1 (one)	5 (five)	分 (minutes)

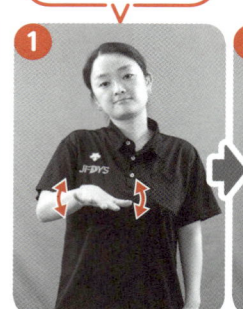   

動画で
確認!!

乗り物-4　会話

Q

何時に出発（到着）しますか？
(What time will you be leaving (arriving)?)

時間 (time)	いくつ (how long)	出発 (depart)	(到着) (arrive)

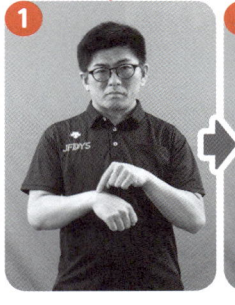   

A

お昼に出発（到着）します。
(I will be leaving (arriving) at noon.)

出発 (depart)	時間 (time)	昼 (noon)	(到着) (arrive)

動画で確認!!

29

第2章 シーンごとの会話

乗り物-5 　　会話

Q 電車に乗っている時間はどのくらいですか?
(How long will I be riding the train?)

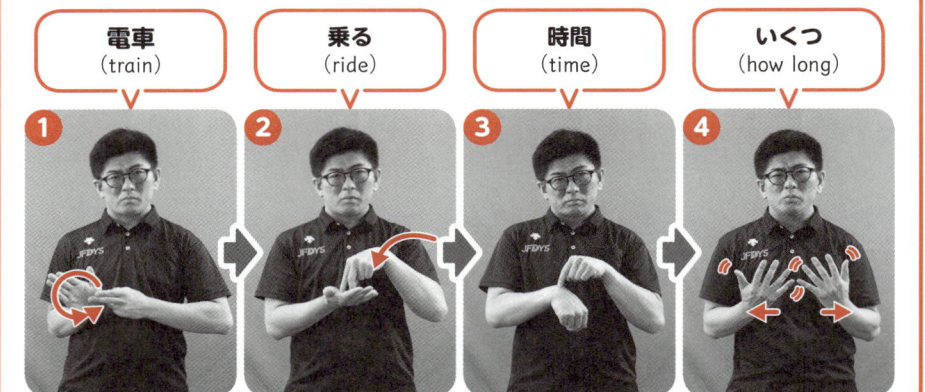

| 電車 (train) | 乗る (ride) | 時間 (time) | いくつ (how long) |

A 1時間半。
(One and a half hours.)

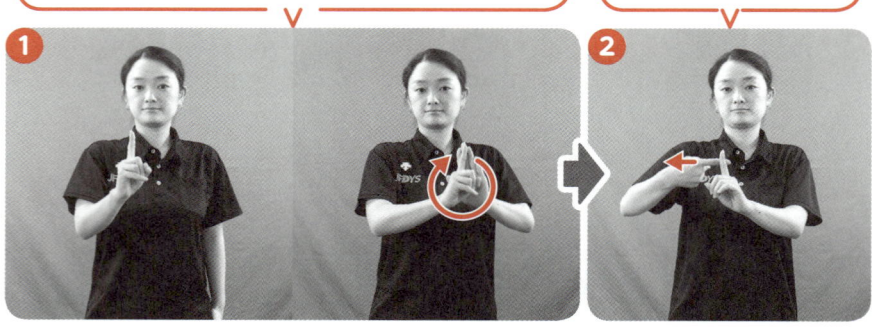

| 1時間 (one hour) | 半 (half) |

動画で確認!!

乗り物-6 会話

Q

ここからいくつ目ですか？
（How many stops will it be from here?）

ここ （here）	出発 （depart）	止まる×2 （stop × 2）	いくつ （how many）

   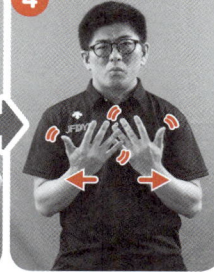

A

5つ目です。
（It's the fifth stop.）

次々 （one by one）	5 （five）

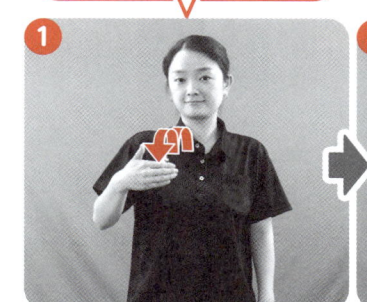 

動画で確認!!

買い物-1　会話

Q スーパーマーケットはどこですか？
（Where is the supermarket?）

どこ （where）	買う （buy）	食べ物 （food）	カート （cart）

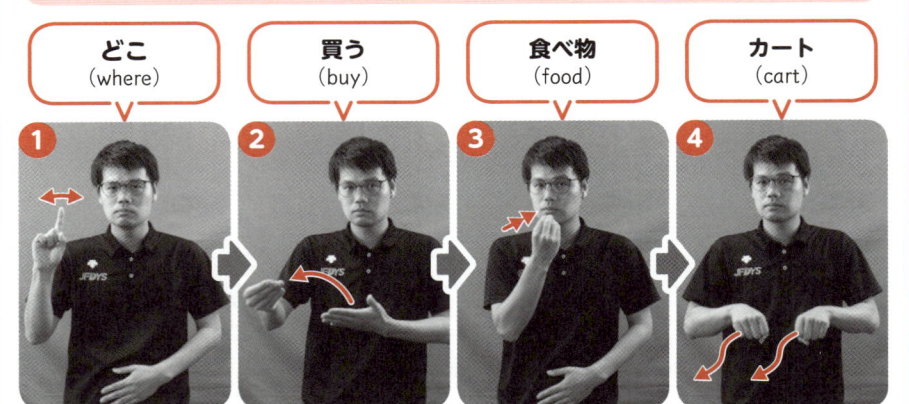

A ちょっと遠いけど、歩いて20分です。
（It's a bit far. It takes 20 minutes on foot.）

ちょっと遠い （bit far）	歩く （walk）	2／0 （two／zero）	分 （minutes）

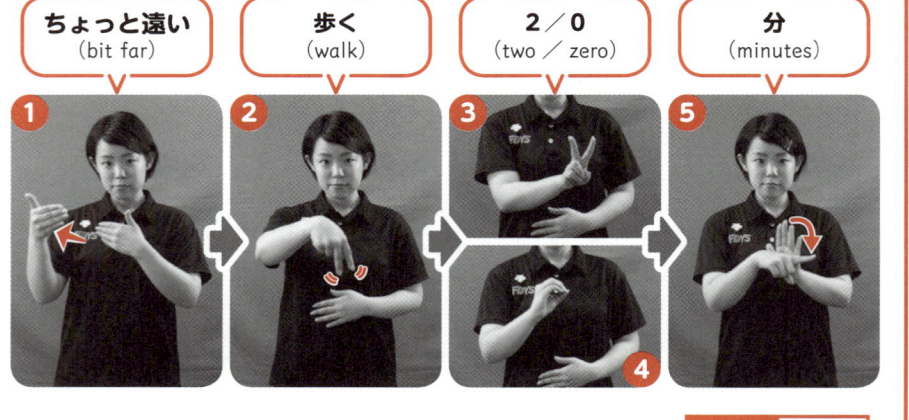

動画で確認!!

買い物 -2　　　会話

疲れた～。カフェに行きたい。
(I'm tired. I want to go to a café.)

疲れた (tired)	欲しい (want)	行く (go)	カフェ (café)

 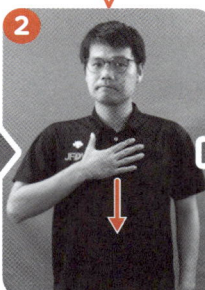  

A

さっき見かけた。一緒に行こう。
(I saw one earlier. Let's go together.)

さっき (earlier)	見る (see)	一緒 (together)	行く (go)

 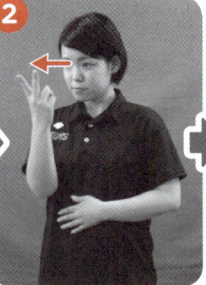 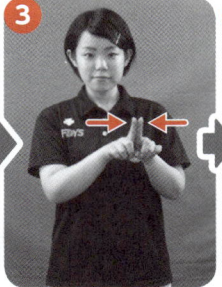 

動画で確認!!

買い物 -3　　会話

Q

飲料水を買いたい。
（I want to buy drinking water.）

私 （I）	欲しい （want）	買う （buy）	飲料水 （drinking water）

A

近くにお店があります。
（There is a store nearby.）

近く （near）	ある （have）	店 （store）

動画で確認!!

買い物-4　　会話

Q

お勧めのお土産は何？
（What souvenir do you recommend?）

第2章｜シーンごとの会話

- グー（good）
- 買う（buy）
- 土産（souvenir）
- 何（what）

A

ワインとチーズです。
（Wine and cheese.）

- ワイン（wine）
- チーズ（cheese）
- 味（taste）
- グー（good）

動画で確認!!

買い物 -5 　会話

Q

トイレはどこ？
（Where is the restroom?）

トイレ （restroom）	どこ （where）

A

2階にあります。
（It's on the second floor.）

ある （have）	フロア （floor）	上 （up）	2 （two）

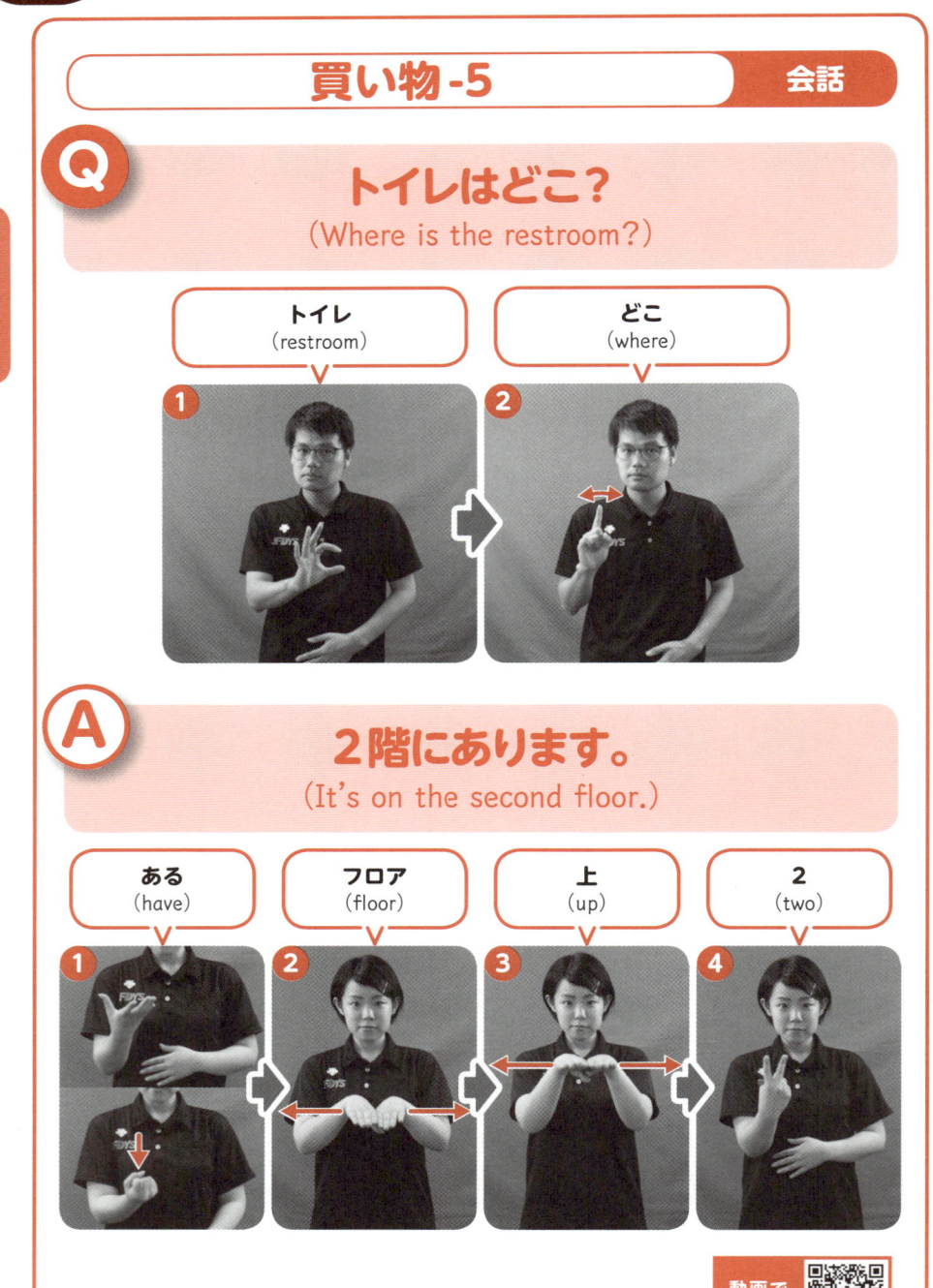

動画で確認!!

まるでろうの世界へ?!（従業員全員がろう者?!）

世界には、すごい職業をもつろう者がたくさんいます。

最近、アメリカで初となる手話言語の店舗、米コーヒーチェーン大手スターバックス(Starbucks)がオープンしたと話題になっていますが、実は、それよりも前にアジアに従業員全員がろう者だけというお店が存在していたのです。

以前、私がシンガポールを旅したとき、ろうの友人がオフィス街の中にあるケンタッキーフライドチキン(KFC)に、連れていってくれました。そこで、驚き!!なんと、その店の従業員が手話言語のできるきこえる人1人を除いて全員ろう者だったのです。「えっ!ろう者だけ?」と思って、様子を見ていると、サラリーマンが特に何か特別なこともなく、当たり前のように、メニューを指さして注文して、ドリンクの大きさは、ろう店員が手で「大きい?小さい?」と表し、それに普通に頷いてこたえているのです。数も「2つ、3つ」と指で表す、何の問題もなく、困惑した様子もなく、当たり前のようにスムーズに注文がなされていました。

この状況に、私が驚いていると、友人が「もっと凄いのはマレーシアだよ」と教えてくれました。マレーシアには、ろう者だけで経営しているKFCのお店が、なんと4店舗もあるというのです。注文はもちろん、何から何まで全部やっているとのこと。

KFCはマレーシアだけでなく、エジプトやインドにもろう者が働くお店をオープンしているとか。世界には、このようなKFCの他、スターバックス、個人経営のカフェなど、ろう者が経営しているお店がすでにたくさんあるのです。

スタバやマクドナルドのような大手チェーンにも、近い将来、必ず日本でもそのようなお店がオフィス街に並んだらいいなぁ、と夢を描いております。

郡 美矢

レストラン -1　　会話

Q

近くに日本料理店はありますか？
(Is there a Japanese restaurant nearby?)

ある （have）	**近く** （near）	**日本** （Japan）	**レストラン** （restaurant）

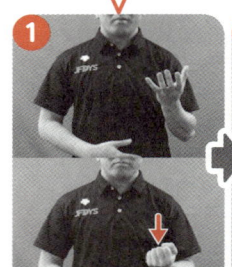 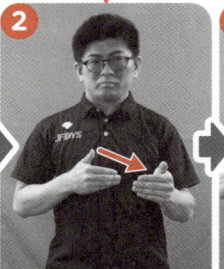  

A

あります。／ありません。
(Yes, there is. ／ No, there isn't.)

ある （yes）	**ない** （no）

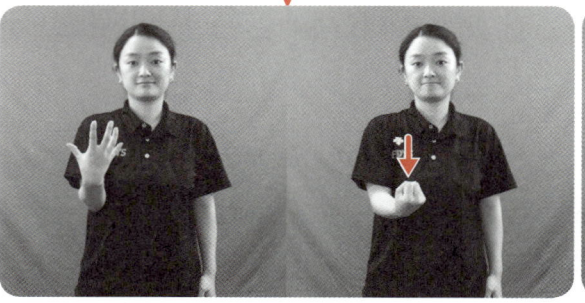 

動画で
確認!!

レストラン-2　　会話

Q そのレストランの名前は？
（What is the name of the restaurant?）

レストラン（restaurant）	名前（name）	何（what）

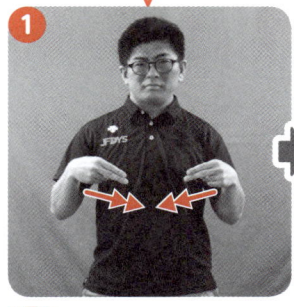 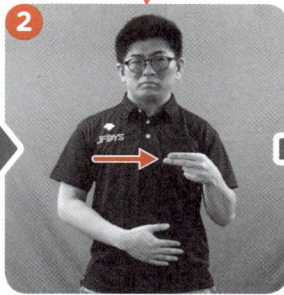 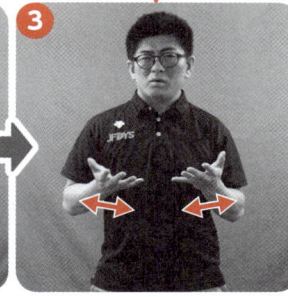

 A 寿司バー「京都」です。
（It's Sushi Bar "Kyoto".）

寿司／バー（sushi / bar）	名前／京都（K・Y・O・T・O）（name / Kyoto）

動画で確認!!

39

レストラン -3 会話

Q

お勧めのメニューは何ですか？
(What do you recommend from the menu?)

有名 (popular)	食べ物 (food)	何 (what)
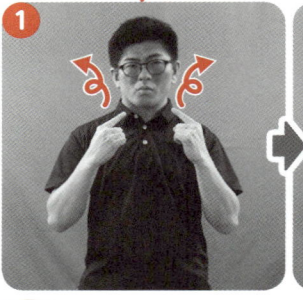	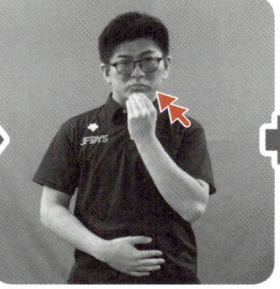	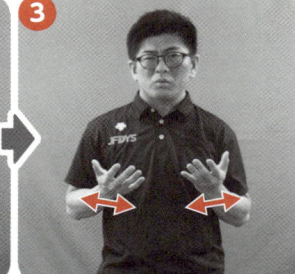

A

ステーキがお勧めです。
(I recommend the steak.)

牛 (beef)	ステーキ (steak)	グー (good)
	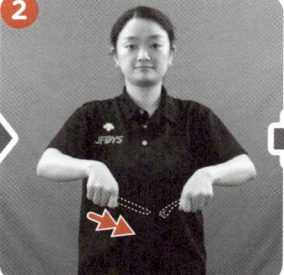	

動画で
確認!!

レストラン -4　　会話

Q　焼き具合はどうしますか？
(How would you like your steak done?)

焼く (cook)	何 (what)

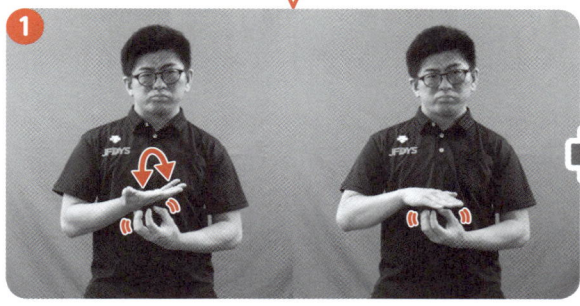
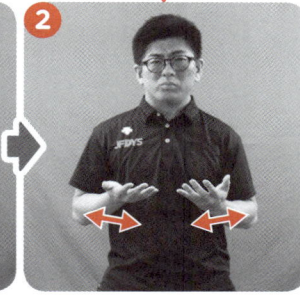

A　ウェルダン／ミディアム／レア
(Well-done ／ Medium ／ Rare)

焼く (cook)	半分 (half)	軽く (light)

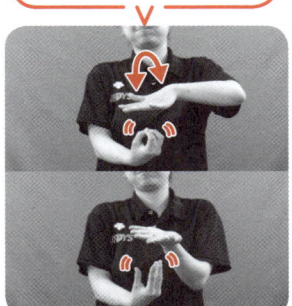

動画で確認!!

41

第2章 シーンごとの会話

レストラン-5　　会話

飲み物はどうしますか？
（Would you like to order a drink?）

飲む
（drink）

何
（what）

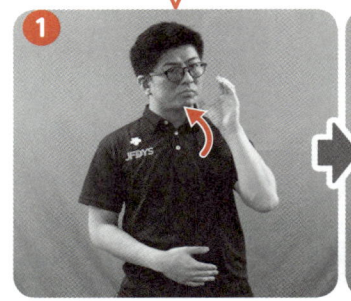
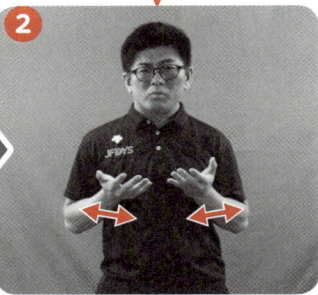

ビール／炭酸水／ジュース
（Beer ／ Sparkling water ／ Juice）

ビール
（Beer）

炭酸水
（Sparkling water）

ジュース
（Juice）

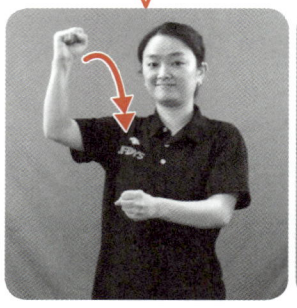
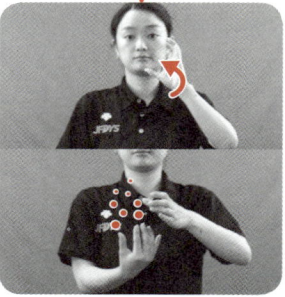
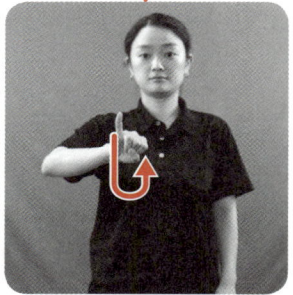

動画で
確認!!

レストラン -6 　　会話

お勘定をお願いします。
（Can I have the bill please?）

終わり（finish）	お金（money）	紙（paper）	お願い（please）
❶	❷	❸	❹

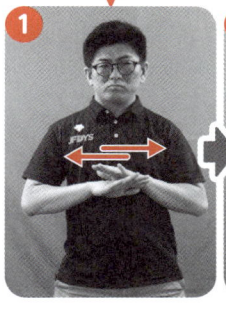  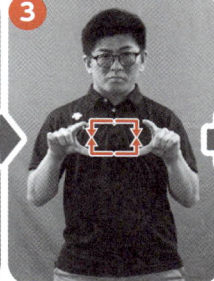 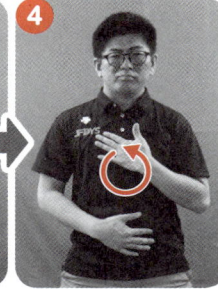

ありがとうございます。全部で100ドルです。
（Thank you. The total amount is 100 dollars.）

ありがとう（thank you）	全部（all）	ドル（dollar）	1・0・0（one・zero・zero）
❶	❷	❸	❹

 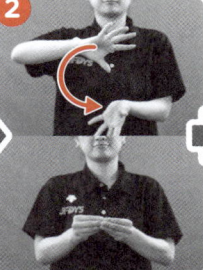  

動画で確認!!

第2章｜シーンごとの会話

スポーツ -1　　会話

Q オリンピックはいつ開催されますか？
（When will the Olympics be held?）

オリンピック （Olympics）	開く （open）	カレンダー （calendar）	いつ （when）
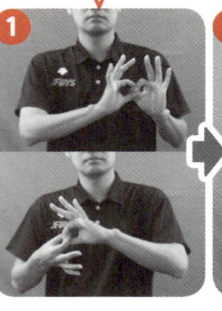		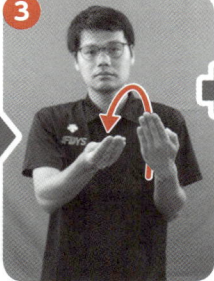	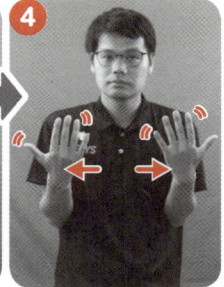

A 2020年7月24日です。
（On July 24th, 2020.）

2／4 （two/four）	7月 （July）	2／0／2／0 （two／zero／two／zero）
	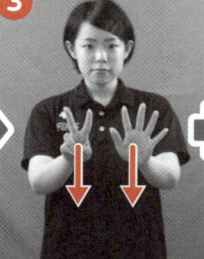	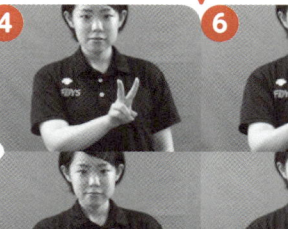 

動画で
確認!!
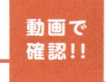

スポーツ-2　会話

Q

集合時間は何時ですか？
（What is the meeting time?）

時間 （time）	何 （what）	集まる （meeting）
❶	❷	❸

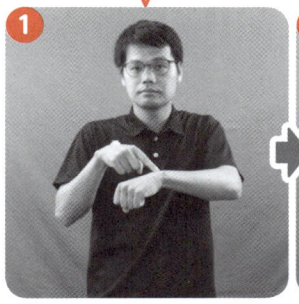

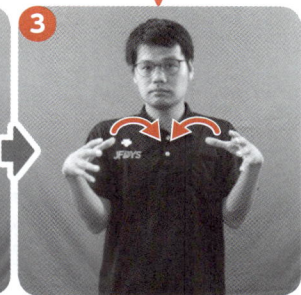

A

集合時間は午前8時45分です。
（The meeting time is 8:45 am.）

集まる／時間 （meeting ／ time）	8 （eight）	コロン（：） （colon）	4／5 （four ／ five）
❶ ❷	❸	❹	❺ ❻

動画で確認!!

第2章 シーンごとの会話

スポーツ -3　　会話

Q

チケットを2枚ください。
(I would like to buy two tickets, please.)

私／欲しい (I ／ want)	買う (buy)	チケット (ticket)	2 (two)

A

2枚で60ドルです。
(That will be 60 dollars for two tickets.)

2 (two)	まとめる (total)	ドル (dollar)	6／0 (six ／ zero)

 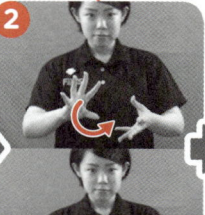   

動画で確認!!

46

スポーツ-4　会話

Q

参加者は何人ですか？
（How many people will be participating?）

参加
（participate）

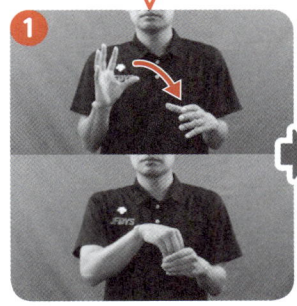

人
（people）

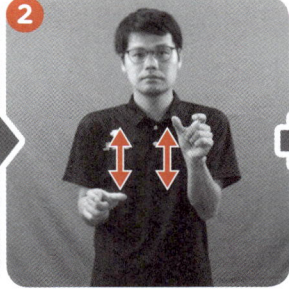

いくつ
（how many）

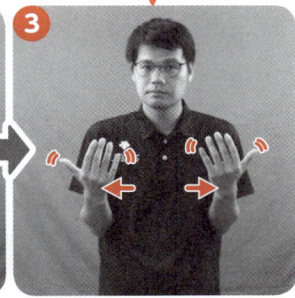

A

約5万人です。
（About 50,000 people.）

約
（about）

50
（fifty）

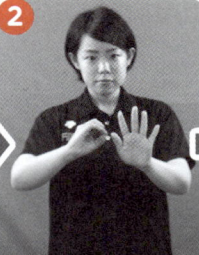

コンマ (,)
（comma）

0・0・0
（zero・zero・zero）

動画で確認!!

第2章 シーンごとの会話

スポーツ -5 会話

Q どの競技を見に行きますか？
(Which event are you going to see?)

あなた (you)	何 (what)	見る (see)	スポーツ (sports)
			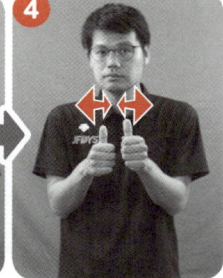

A 水泳と柔道を見に行く。
(I will be going to the swimming and judo events.)

私 (I)	水泳 (swimming)	柔道 (judo)
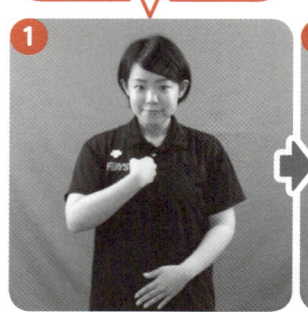	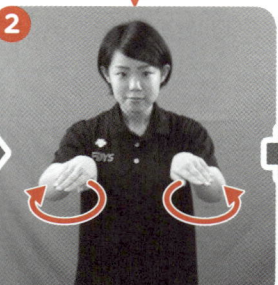	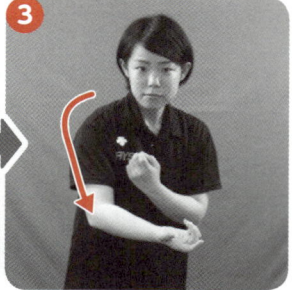

動画で確認!!

スポーツ-6　会話

Q

今度はいつ会える?
(When can we meet again?)

未来 (future)	会う (meet)	いつ (when)

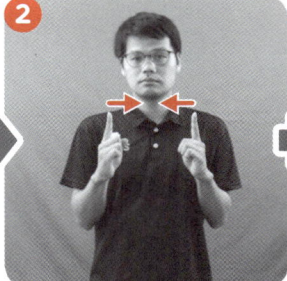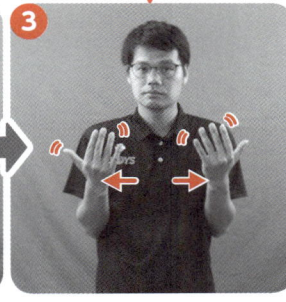

A

4年後に会いたいね。
(I hope to see you again in four years.)

希望 (hope)	4／年 (four／year)	後 (later)	会う (meet)

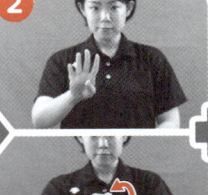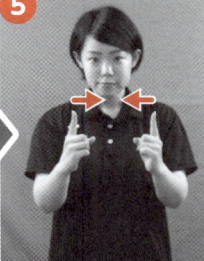

動画で確認!!

病院-1　会話

Q どこか具合が悪いのですか？
(What is wrong with you?)

あなた (you)	病気 (sick)	何 (what)

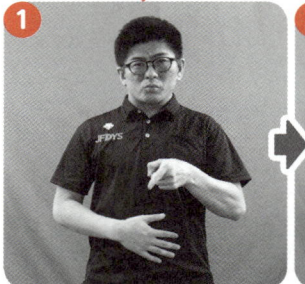 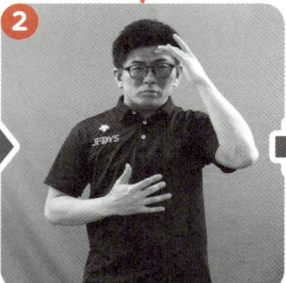 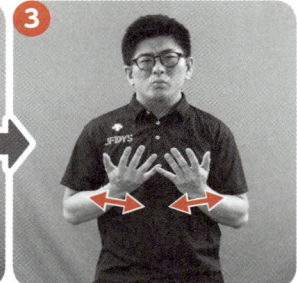

A 頭が痛い。／歯が痛い。／お腹が痛い。
(I have a headache. ／ I have a toothache. ／ I have a stomachache.)

頭／痛い (head／ache)	歯／痛い (tooth／ache)	お腹／痛い (stomach／ache)

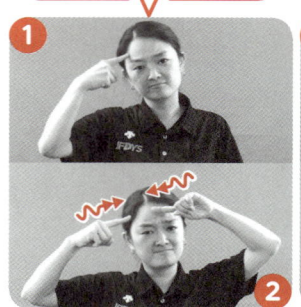 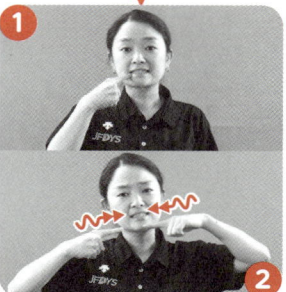 

動画で確認!!

病院 -2　　会話

頭痛薬はありますか？
（Do you have any medicine for your headache?）

| ある
（have） | 頭痛い
（headache） | 抑える
（relieve） | 薬飲む
（take medicine） |

  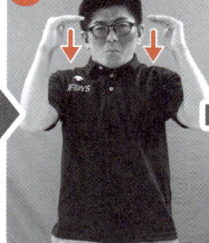 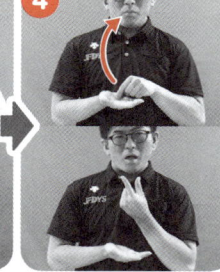

ないので買う必要です。
（I do not, so I'll have to buy some.）

| ない
（none） | 必要
（need） | 買う
（buy） |

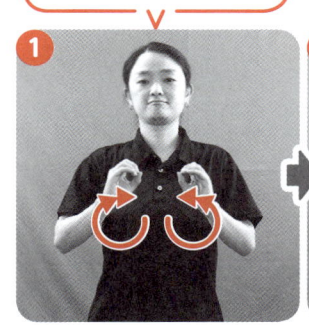 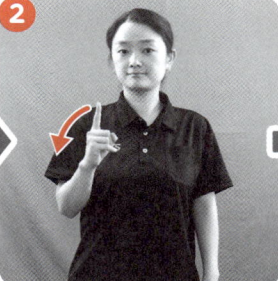 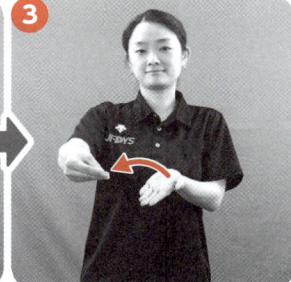

動画で
確認!!

病院 -3　　会話

いつから具合が悪いのですか？
（When did the symptoms begin?）

いつ （when）	起きる （happen）	病気 （sick）

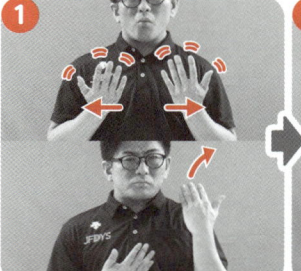 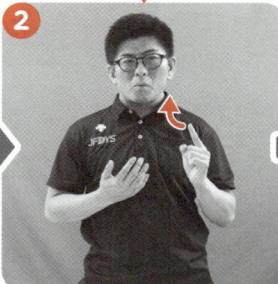 

昨日。／一昨日の夜から。
（Yesterday. ／ Two nights ago.）

昨日 （yesterday）	一昨日 （two days ago）	夜 （night）

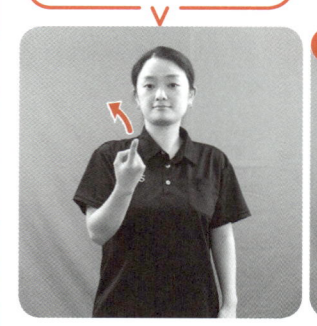 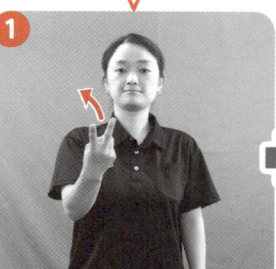 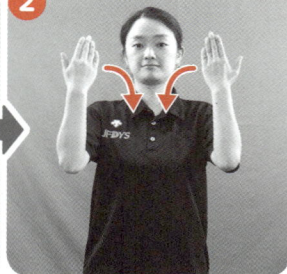

動画で確認!!

病院 -4 会話

Q

いつ飲めばいいですか？
（When should I take the medicine?）

薬飲む（take medicine）	食べる（eat）	前後（before and after）	どちら（which）

A

食後に飲んでください。
（Please take them after meals.）

食べる（eat）	終わり（finish）	飲む（take）	グー（good）
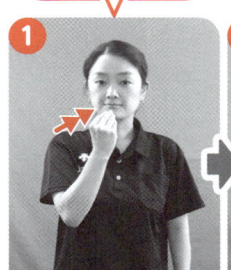	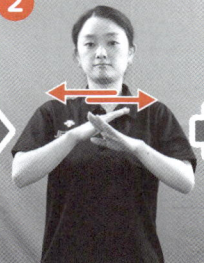	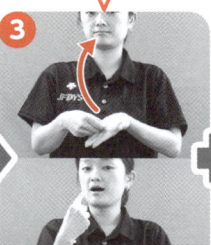	

動画で確認!!

第2章
シーンごとの
会話

病院-5　　会話

緊急！救急車を呼んで！
（This is an emergency! Please call an ambulance!）

救急車 （ambulance）	お願い （please）	電話する （call）	早く （quickly）
	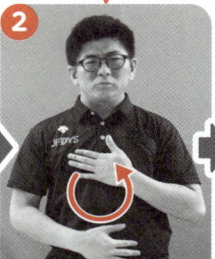		

何があったのですか？
（What happened?）

起きる （happen）	何 （what）
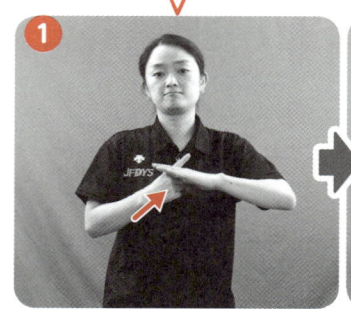	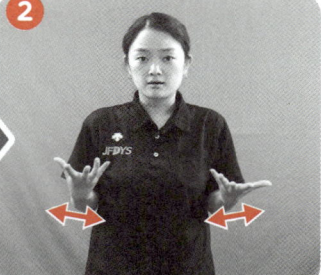

動画で確認!!

病院-6　会話

家族に連絡してください。
（Please contact your family）

お願い （please）	連絡する （contact）	あなた （you）	家族 （family）
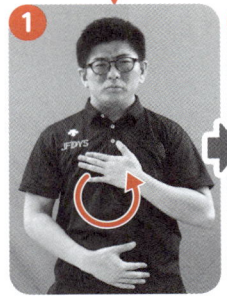			

このTEL番号にお願いします。
（Please call this phone number.）

お願い （please）	これ （this）	電話する （call）
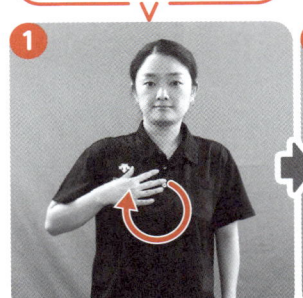	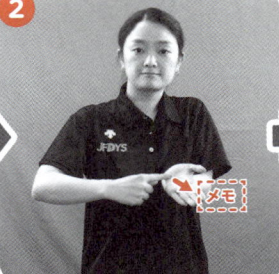	

 動画で確認!!

トラブル-1　会話

助けて〜！ パスポートを失くした。
(Help! I've lost my passport.)

助けて （help me）	失くす （lost）	パスポート （passport）	（表情）

⑤ ア〜 どうしよう

日本大使館に行きたい。
(I want to go to the Japanese embassy.)

私／したい （I ／ want）	行く （go）	日本 （Japan）	大使 （embassy）

   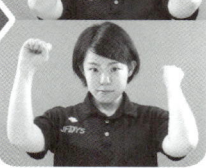

動画で確認!!

トラブル-2 　会話

クレジットカードを盗まれた。
（My credit card was stolen.）

クレジット （credit）	カード （card）	盗まれる （stolen）	（表情）
		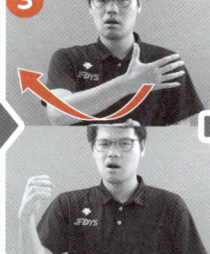	4 困ったぁ～ 

無効にしたい。
（I would like to cancel my credit card.）

私 （I）	したい （want）	クレジット （credit）	破く （break）
			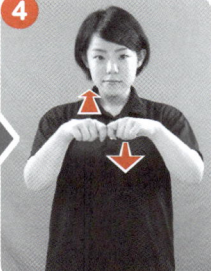

第2章 シーンごとの会話

動画で確認!!

トラブル-3　　会話

手話通訳を呼んでください。
(Please call a Sign interpreter.)

お願い （please）	呼ぶ （call）	手話 （Sign）	通訳 （interpreter）

警察に行ってください。
(Please go to the police.)

お願い （please）	行く （go）	警察 （police）

動画で確認!! 　動画で確認!!

トラブル -4 　会話

Q 　荷物（スーツケース）がまだ届かない。
（My suitcase has not arrived yet.）

私 （I）	荷物 （luggage）	ない （not）

  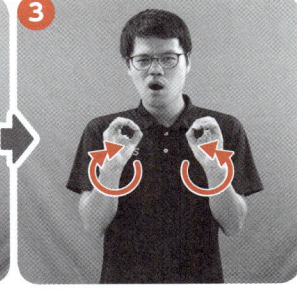

A 　カウンターで紛失手続きをしてください。
（Please report the loss of your suitcase at the counter.）

カウンター （counter）	書く （write）	あちら （there）

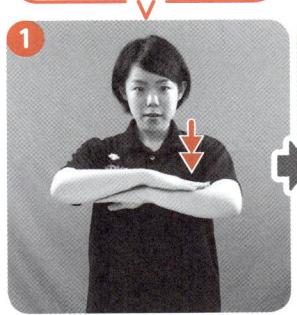  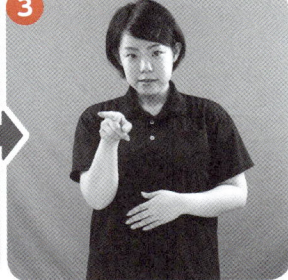

動画で
確認!!

トラブル-5　　会話

 Q

飛行機に乗り遅れた〜。
(I missed my flight.)

私 (I)	遅れる (late)	見失う (miss)	飛行機 (flight)

  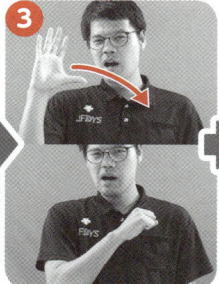 

A

落ち着いて〜。
(Calm down.)

落ち着いて (calm down)

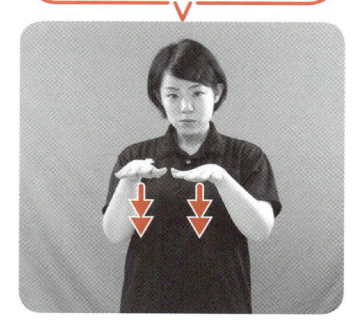

動画で確認!!

60

トラブル -6　　会話

Q

飛行機のチケットを失くした〜。
(I've lost my flight ticket.)

私 (I)	失くす (lost)	飛行機 (flight)	チケット (ticket)

A

再発行してください。
(Please reissue my ticket.)

お願い (please)	再び (again)	チケット (ticket)

初めてのプレゼン、なんと国際手話で!

　初めて青年部活動として海外へ行ったのは2005年12月にジャカルタ・インドネシアを訪問した時でした。関空からジャカルタ行きの機内で国際手話の本と睨めっこしながら国際手話を覚えることに必死でした。

　ジャカルタへ行くことになったのは2004年の世界ろう者会議の折に、世界ろう連盟青年部主催の青年キャンプが開催され、参加していた日本代表に世界のろう青年たちが「日本でアジア青年キャンプを開催しないの?」と聞かれたのが始まりでした。

　この時、私は全くと言っていいほど国際手話には無知であり、表現も全くできませんでした。そんな私が「私が国際手話でプレゼン!楽勝や!」と大見栄を切ってしまったのです。内心、激しい後悔に苛まれたのは言うまでもありません。

　大見栄を切ってしまった以上、とにかく覚えるしかない!教科書ぐらいあるだろう…。1冊しかありませんでした。機内では「なんとか覚えなきゃ!」の一心でした。

　アジア地域代表者会議で、アジア青年キャンプ開催誘致が始まった時、青年部の仲間たちが日本の文化をPR、私は国際手話(?)で誘致のプレゼンをしました。

　今思えば、まともに国際手話はできておらず、ほぼ指さしと身振りのみでした。今でも恥ずかしく思い出されます。

　一方、フィリピンもキャンプ開催誘致に手を挙げていて、7票対6票の僅差で日本が開催を勝ち取ったのです。本当に冷や汗モノでした。

嶋本　恭規

（P100に続く）

第3章

シーン別の単語

あいさつ 単語

おはよう
（good morning）

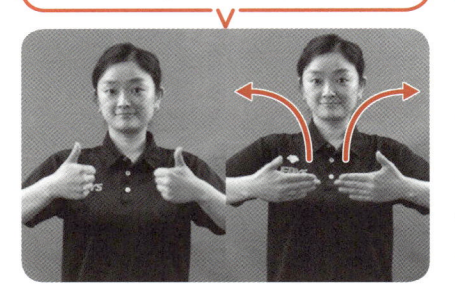

こんにちは
（hello）

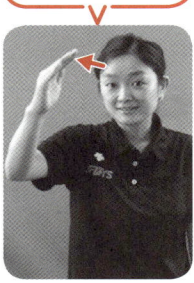

こんばんは
（good evening）

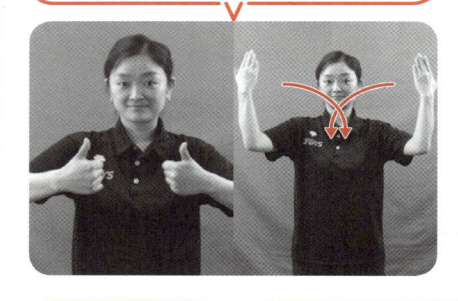

おやすみなさい
（good night）

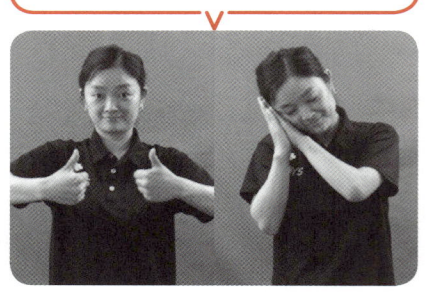

さようなら
（goodbye）

分かる
（understand）

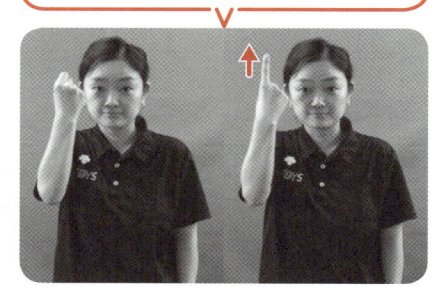

動画で確認！！

あいさつ

分からない
（don't understand）

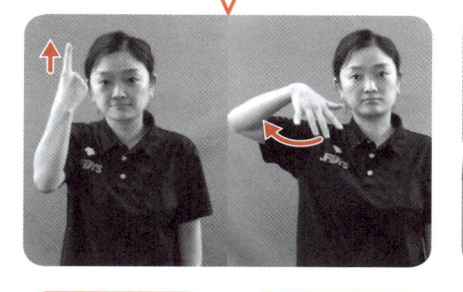

知っている
（know）

知らない
（don't know）

年齢
（age）

男
（man）

女（A）
（woman）

女（B）
（woman）

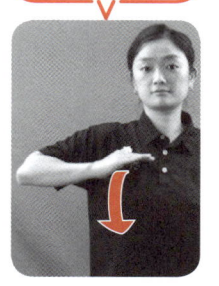

いくつ
（how many）

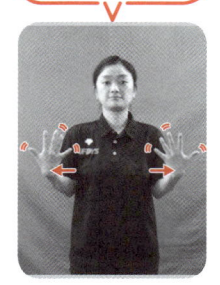

ろう者
（Deaf people）

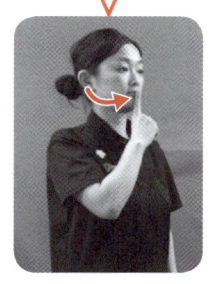

聞こえる人
（Hearing people）

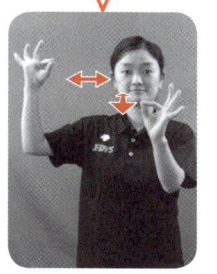

第3章 シーン別の単語

動画で確認!!

65

あいさつ　　単語

ありがとう
（thank you）

ごめんなさい
（sorry）

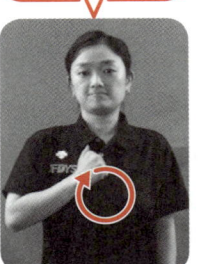

忙しい
（busy）

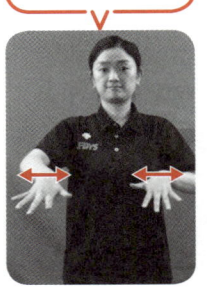

（手話で）話す
（talk / speak (in sign language)）

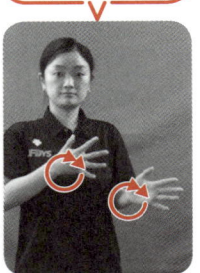

見る
（see）

他己紹介
（introduce an acquaintance）

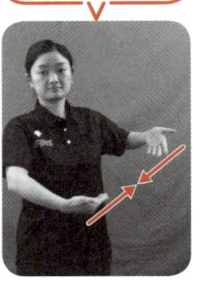

動画で確認!!

観光 単語

時間
（time）

遅れる
（be late）

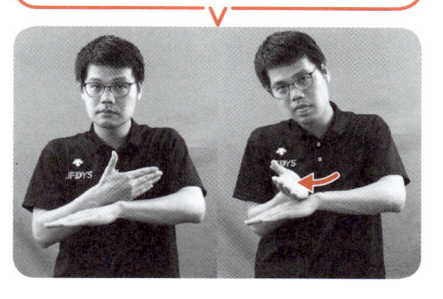

キャンセル
（cancel）

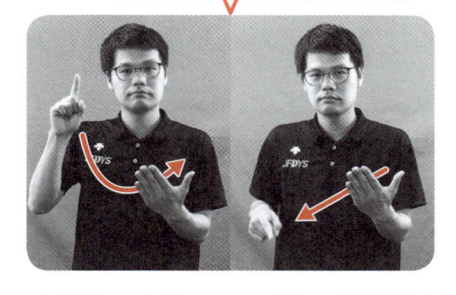

必要
（require）

案内
（guide）

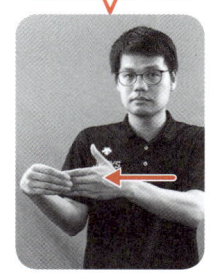

ホテル
（hotel）

駅
（station）

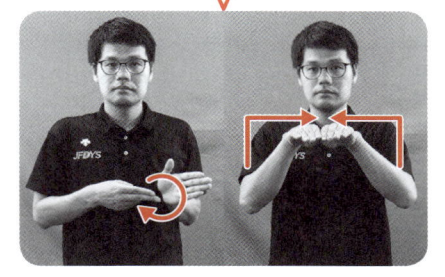

フロント
（front desk）

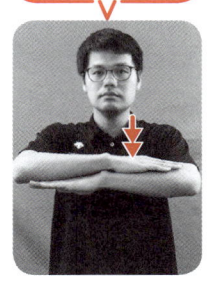

第3章 シーン別の単語

動画で
確認!!

観光 単語

バー
(bar)

カフェ
(café)

両替
(money exchange)

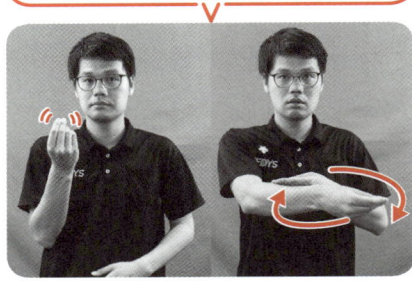

銀行 (A)
(bank)

銀行 (B)
(bank)

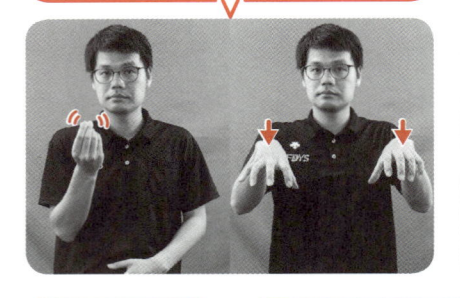

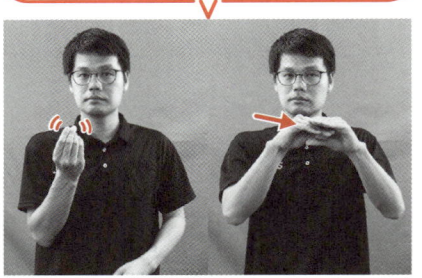

徒歩
(on foot)

フードコート
(food court)

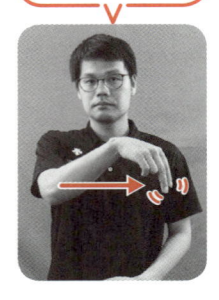

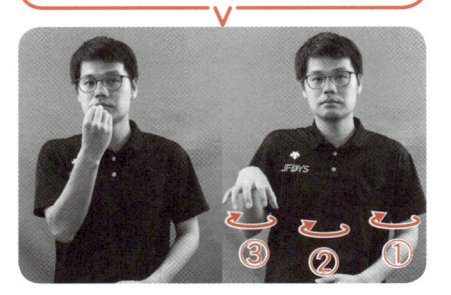

動画で確認!!

観光

案内所
（information center）

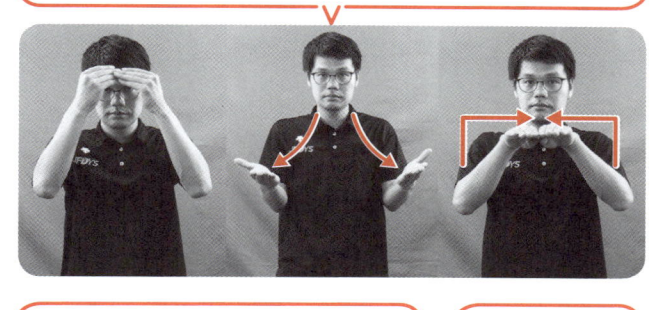

現金
（cash）

チップ
（tip）

パスポート
（passport）

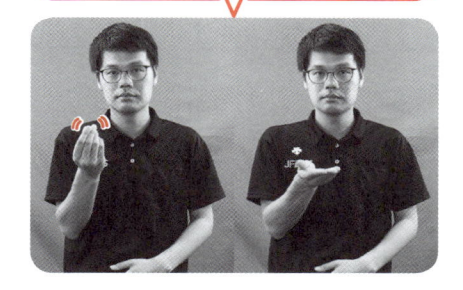

ドル（A）
（dollar）

ドル（B）
（dollar）

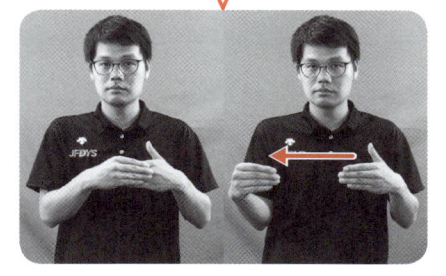

第3章 シーン別の 単語

動画で
確認!!

観光

単語

モン・サン・ミッシェル
（Mont Saint-Michel）

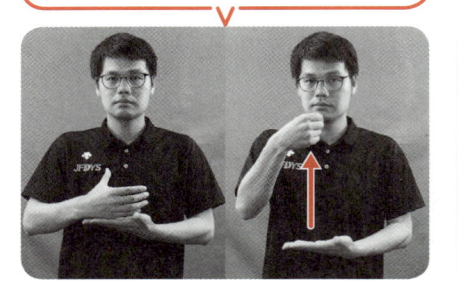

自由の女神
（Statue of Liberty）

万里の長城
（The Great Wall）

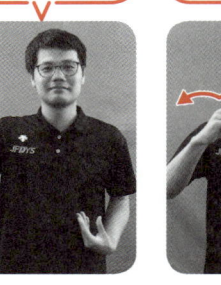

ノイシュバンシュタイン城
（Neuschwanstein Castle）

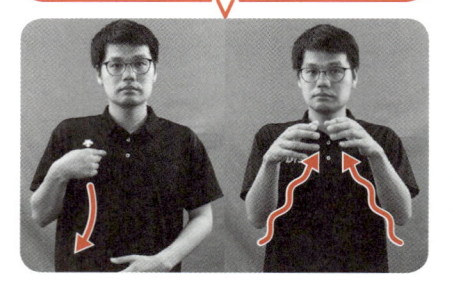

ロンドン
（London）

パリ
（Paris）

ローマ
（Rome）

バチカン
（Vatican）

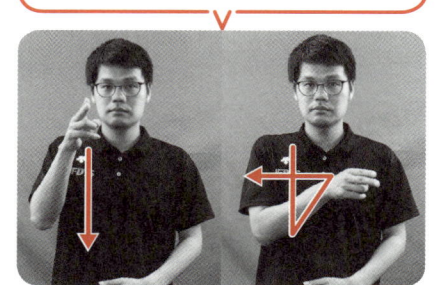

動画で
確認!!

乗り物

単語

タクシー（A）
（taxi）

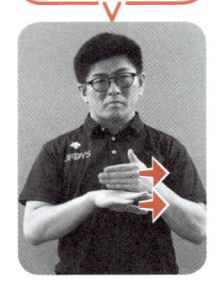

タクシー（B）
（taxi）

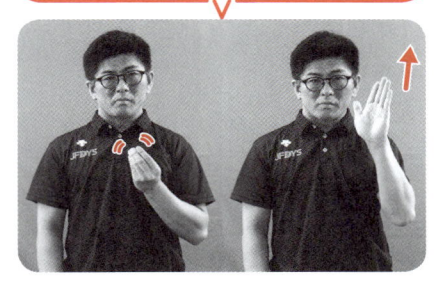

バスターミナル
（bus terminal）

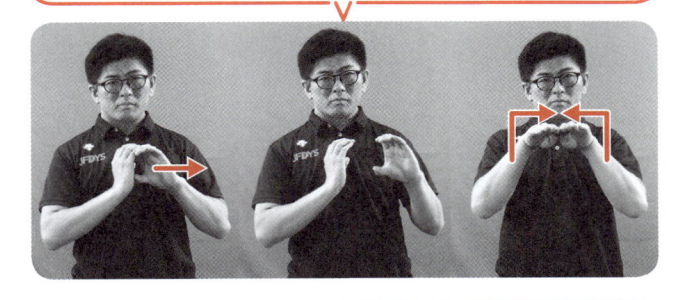

（バス）運賃
（(bus) fare）

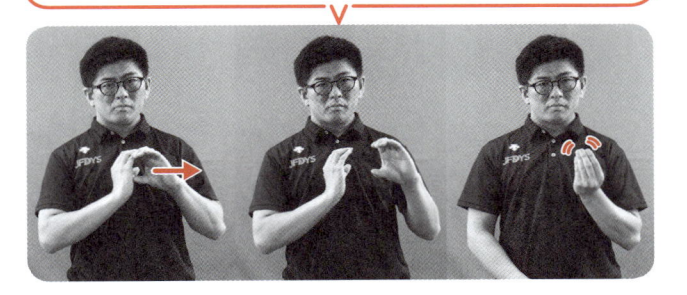

第3章 シーン別の単語

動画で
確認!!

乗り物

単語

(電車) 運賃
((train) fare)

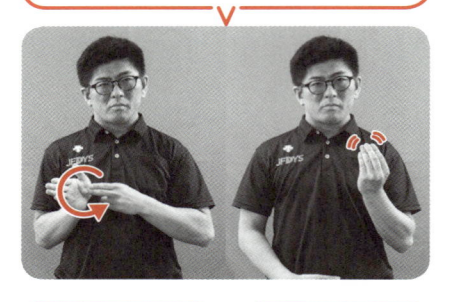

電車の切符
(train ticket)

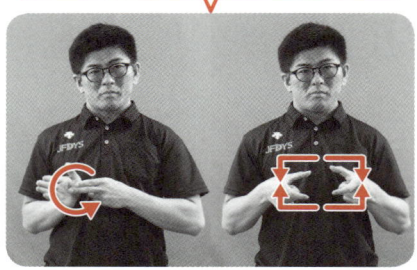

乗る
(ride)

降りる
(get off)

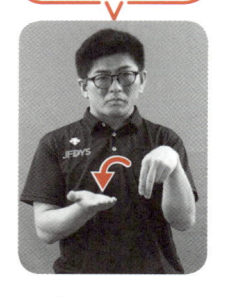 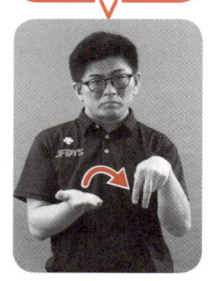

特急
(express)

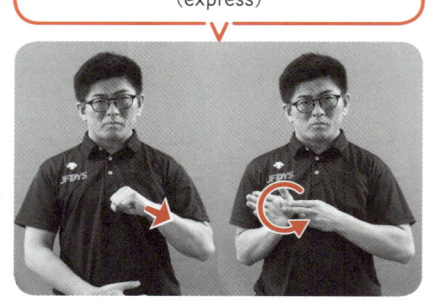

満席
(full)

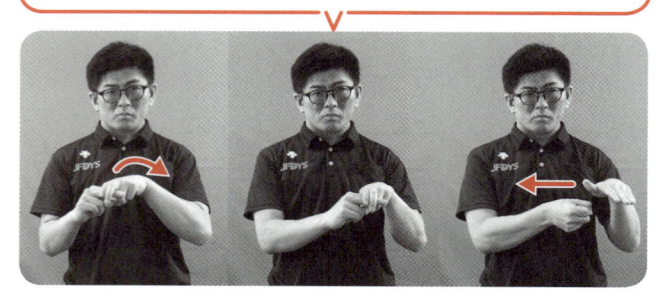

動画で
確認!!

乗り物 単語

空席
(available seat)

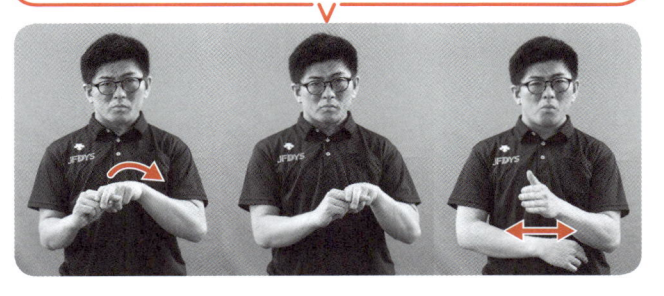

車
(car)

遠い
(far)

近い
(near)

早い
(fast)

遅い
(slow)

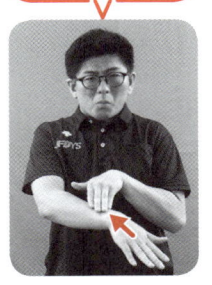

予約
(reserve)

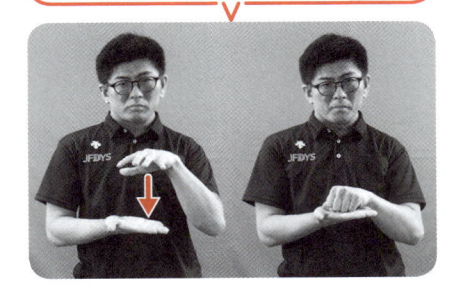

第3章 シーン別の単語

動画で
確認!!

買い物 単語

いくら
（how much）

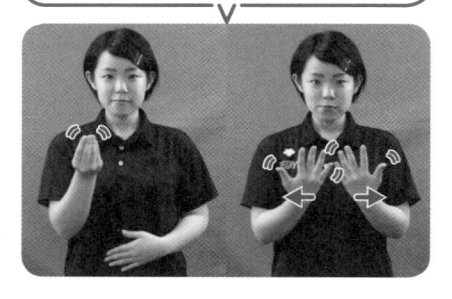

高い
（expensive）

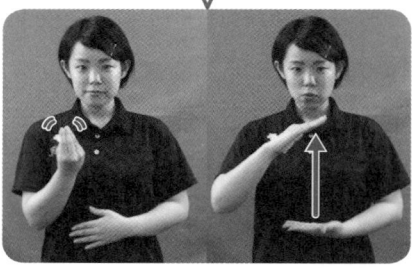

安い
（cheap）

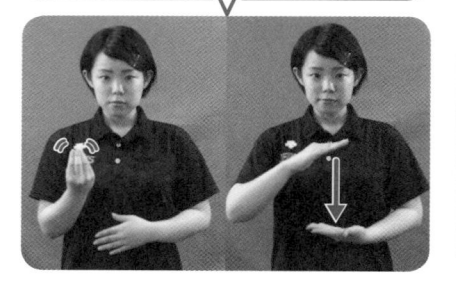

美味しい
（delicious）

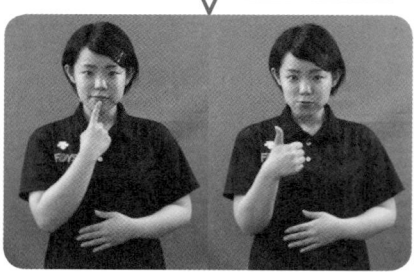

まずい (美味しくない)
（not good）

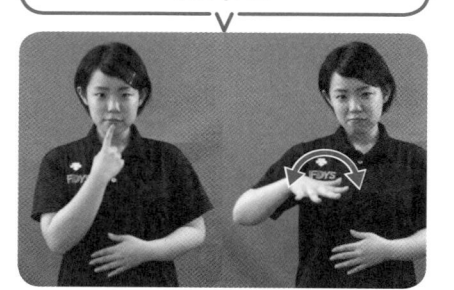

食料品店
（grocery store）

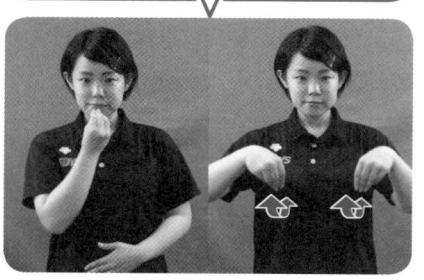

動画で
確認!!

買い物 単語

マクドナルド
（McDonald's）

コーヒー
（coffee）

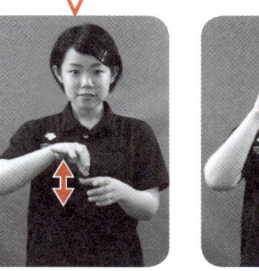

紅茶
（(black) tea）

飲む
（drink）

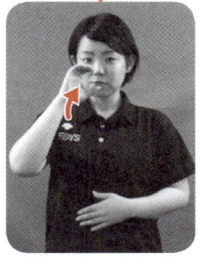

第3章 シーン別の単語

売店
（shop）

石鹸
（soap）

香水
（perfume）

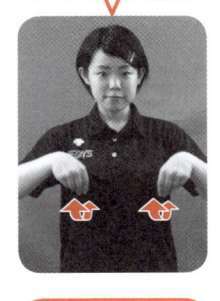

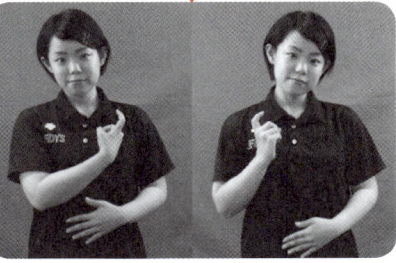

口紅
（lipstick）

ハチミツ
（honey）

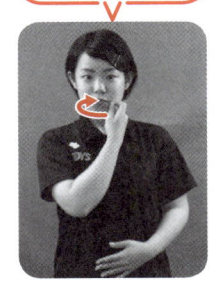

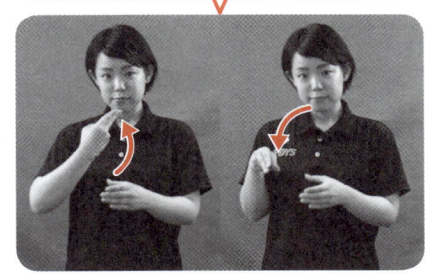

動画で
確認!!

買い物 単語

酒（アルコール）
（alcoholic beverage / a drink）

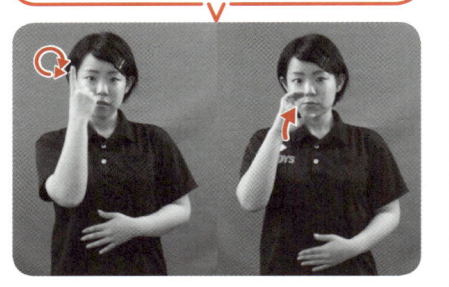

マグネット
（magnet）

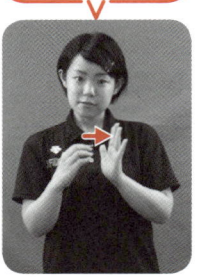

腕時計
（wristwatch）

絵画
（painting）

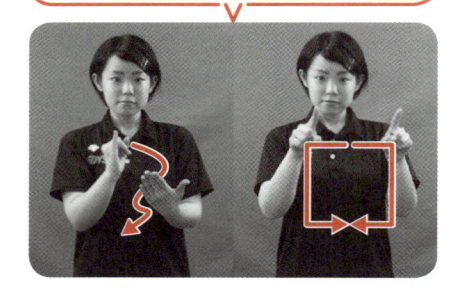

動画で
確認!!

レストラン

単語

アメリカ料理
（American food）

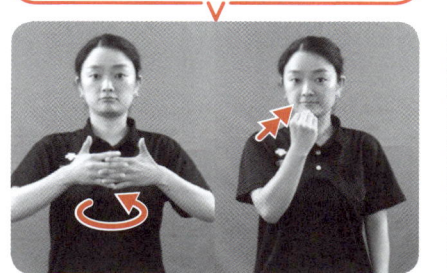

イタリア料理
（Italian food）

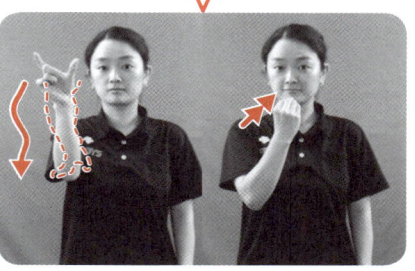

フランス料理
（French food）

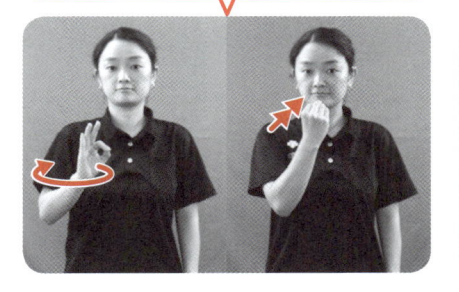

中華料理
（Chinese food）

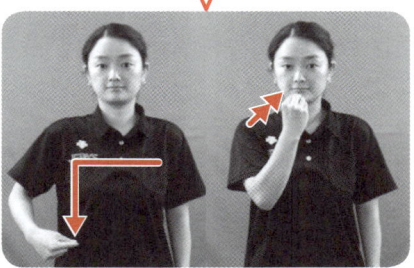

日本料理
（Japanese food）

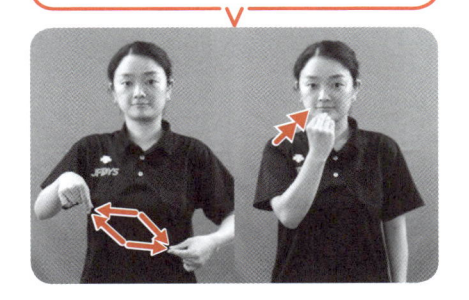

第3章 シーン別の単語

動画で
確認！！

77

レストラン 単語

牛肉 (A)
(beef)

牛肉 (B)
(beef)

豚肉
(pork)

チキン (A)
(chicken)

チキン (B)
(chicken)

魚
(fish)

卵 (A)
(egg)

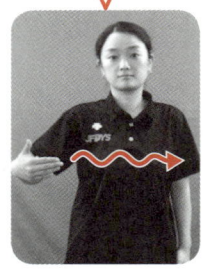

卵 (B)
(egg)

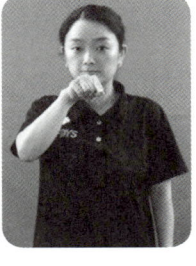

パン
(bread)

ライス
(rice)

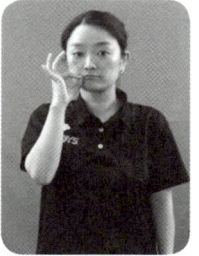

野菜
(vegetable)

甘い・砂糖
(sweet・sugar)

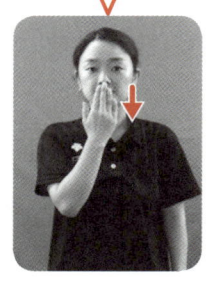

動画で
確認!!

レストラン 単語

スープ
（soup）

塩
（salt）

胡椒
（pepper）

ケンタッキーフライドチキン
（Kentucky Fried Chicken）

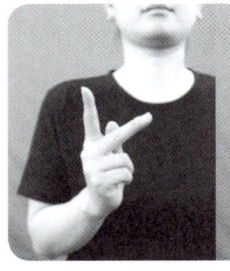

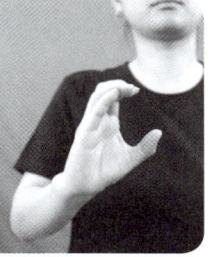

スターバックス
（Starbucks）

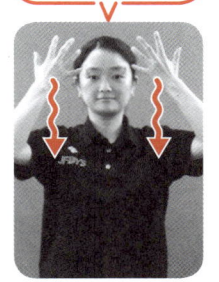

エスプレッソ
（espresso）

ピザ (A)
（pizza）

ピザ (B)
（pizza）

動画で
確認!!

レストラン　単語

サラダ
（salad）

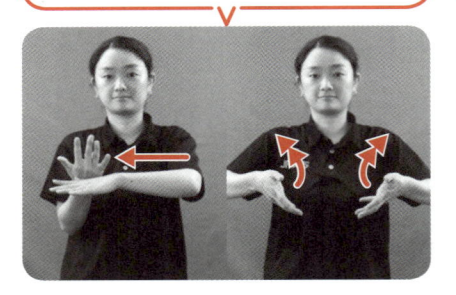

スパゲッティ
（spaghetti）

朝食
（breakfast）

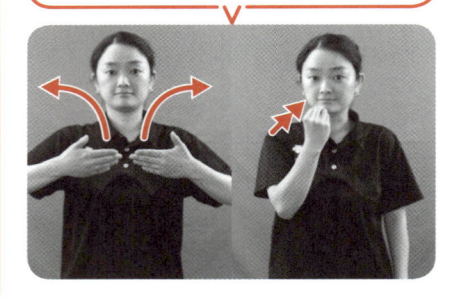

昼食
（lunch）

夕食
（dinner）

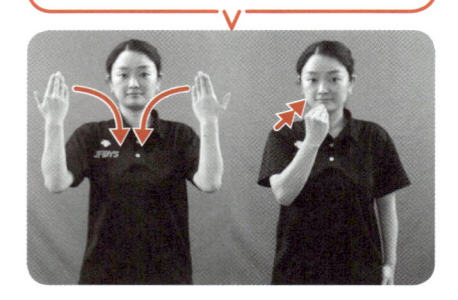

動画で確認!!

スポーツ 単語

デフリンピック
（Deaflympics）

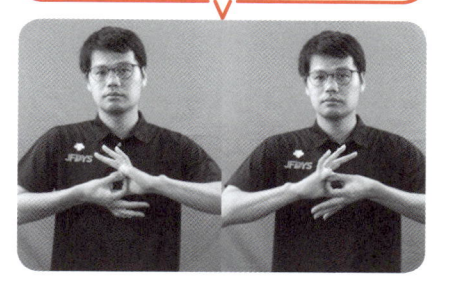

オリンピック
（Olympics）

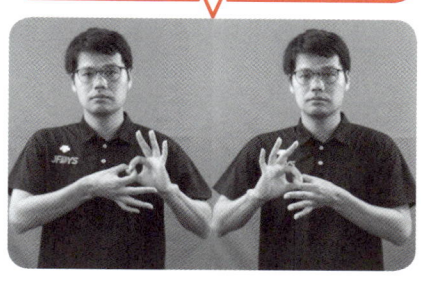

パラリンピック
（Paralympics）

スポーツ
（sports）

世界選手権
（World championship）

勝ち
（win）

負け
（lose）

引き分け
（draw）

 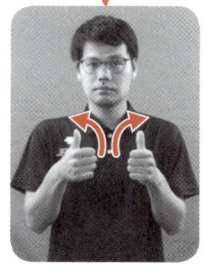 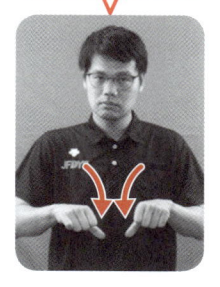 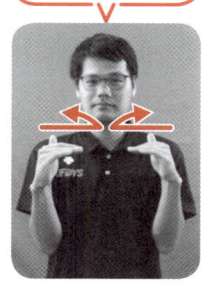

動画で確認!!

81

第3章 シーン別の単語

スポーツ

ルール
（rule）

トレーニング
（training）

ボール
（ball）

審判
（referee）

ピィー

警告
（warning）

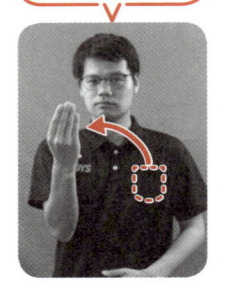

チーム
（team）

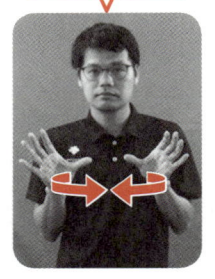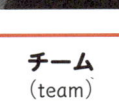

監督
（manager（head coach））

② ①

コーチ
（coach）

技術委員
（Technical Commission member）

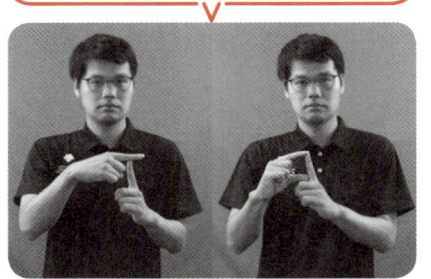

試合
（match）

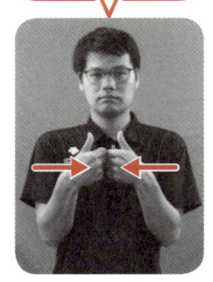

動画で
確認!!

スポーツ　　単語

アシスタント
（assistant）

メダル
（medal）

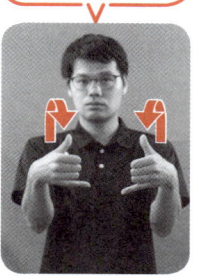

トロフィー
（trophy）

賞状
（certificate）

記録
（record）

サポート
（support）

ドーピング
（doping）

デシベル（聴力）
（decibel）

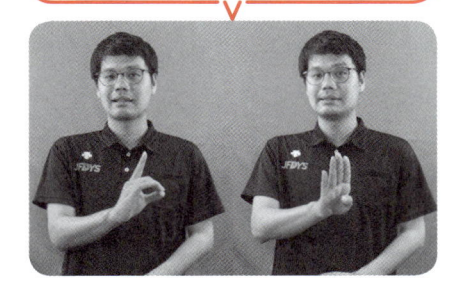

第3章　シーン別の単語

動画で確認!!

病院　　単語

熱 (A)
(fever)

熱 (B)
(fever)

風邪
(cold)

薬
（medicine）

脈
（pulse）

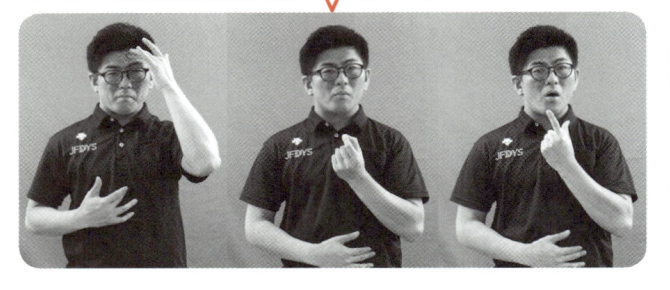

診察
（medical examination）

注射
（injection）

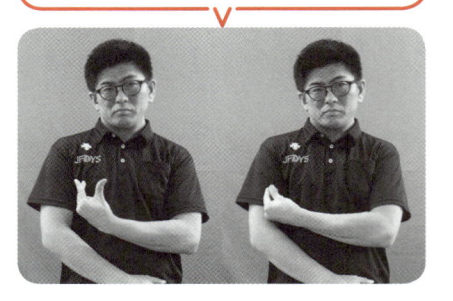

動画で
確認！！

病院

気分が悪い
（feel sick）

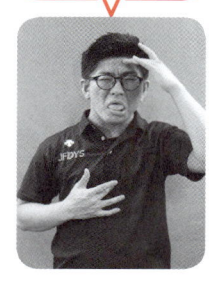

医者 (A)
（doctor）

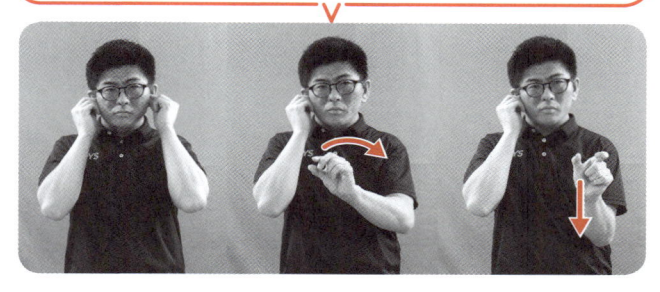

医者 (B)
（doctor）

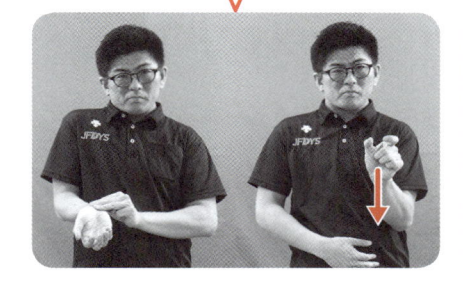

病院
（hospital）

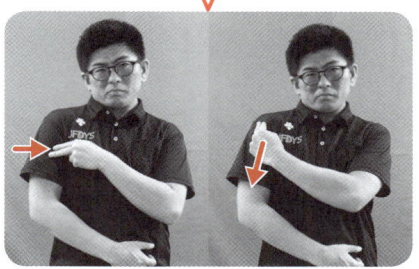

入院
（hospitalization）

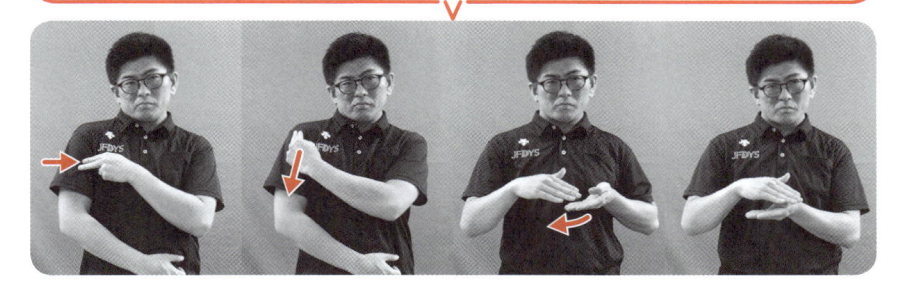

第3章｜シーン別の単語

動画で確認!!

病院 単語

保険
(insurance)

手術
(surgery)

同意書
(consent form)

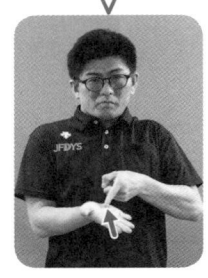
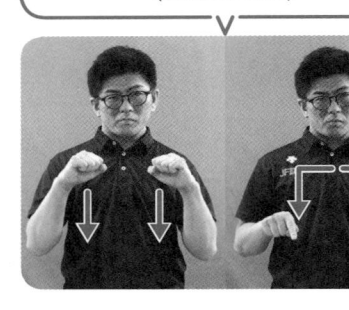

便
(stool)

下痢
(diarrhea)

嘔吐
(vomit)

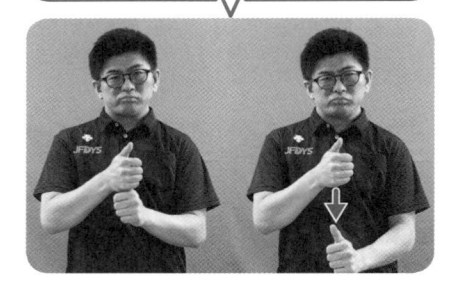

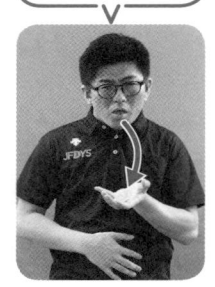

アレルギー
(allergy)

出血
(bleeding)

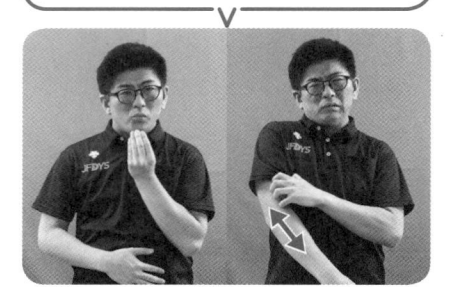
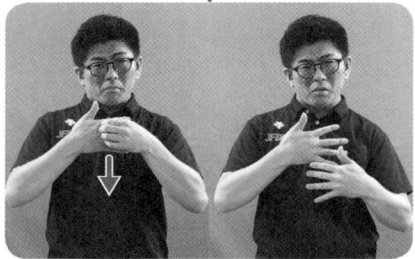

第3章 シーン別の単語

動画で確認!!

トラブル 単語

襲われる
（attacked）

襲う
（attack）

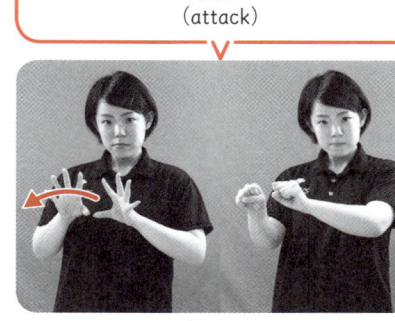

交通事故
（traffic accident）

Wi-Fi
（Wi-Fi）

トラブル(A)問題
（trouble）

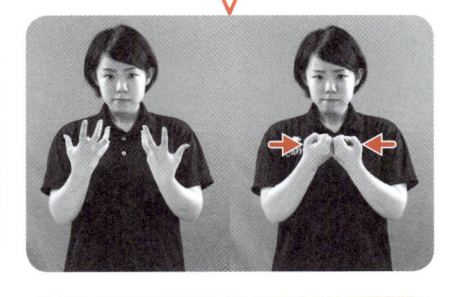

トラブル (B)
（trouble）

やってません
（have not done it.）

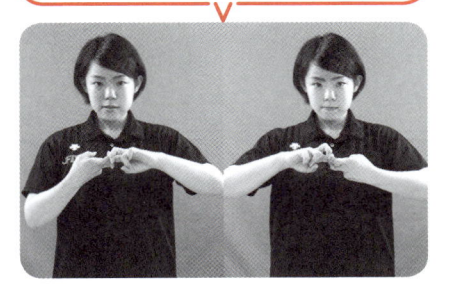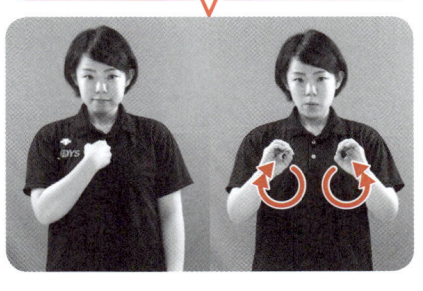

動画で確認!!

第3章 シーン別の単語

トラブル 単語

第3章　シーン別の単語

忘れる
（forget）

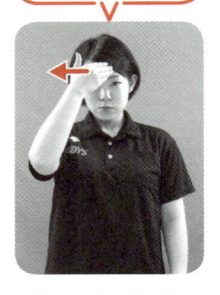

渋滞
（traffic jam）

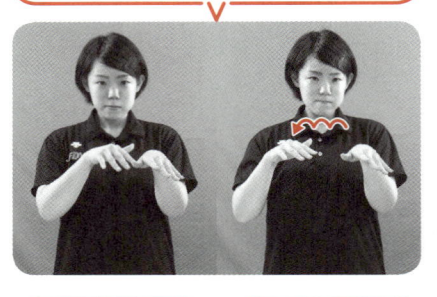

台風
（typhoon）

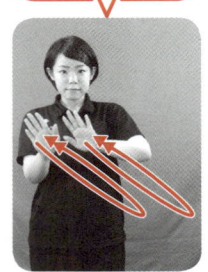

地震
（earthquake）

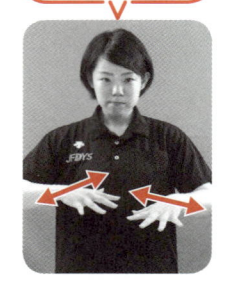

津波
（tsunami）

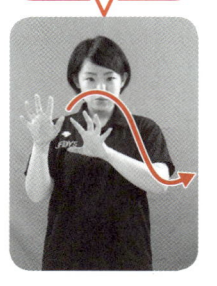

喧嘩
（fight）

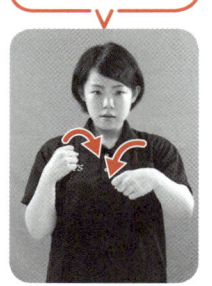

テロ
（terrorist attack）

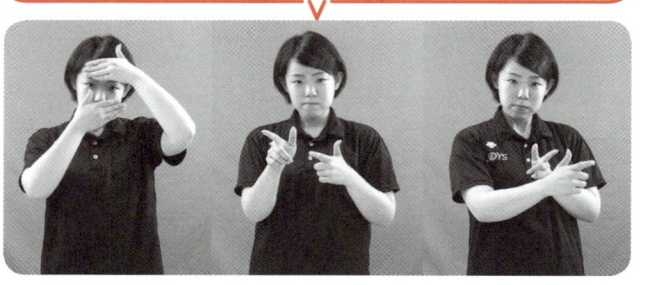

火事
（fire）

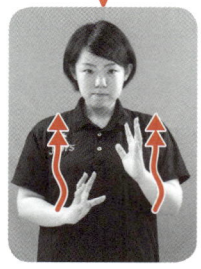

動画で
確認!!

トラブル　　単語

戦争
（war）

スリ
（pickpocket）

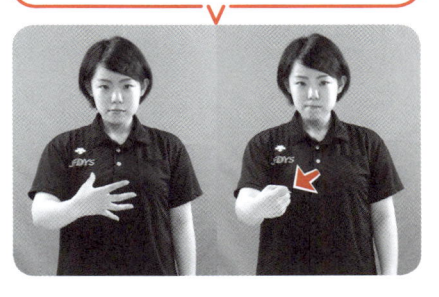

置き引き
（luggage lifting）

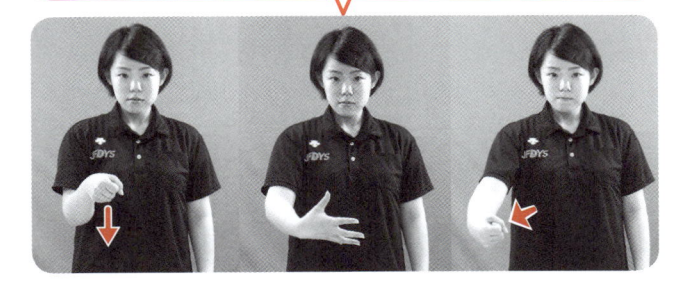

騙された
（tricked / deceived / cheated）

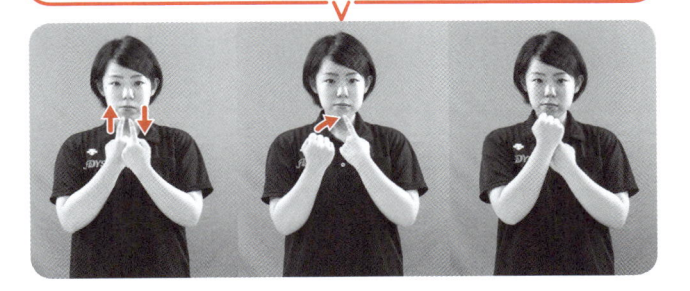

動画で
確認!!

トラブル 単語

騙す
（trick / deceive / cheat）

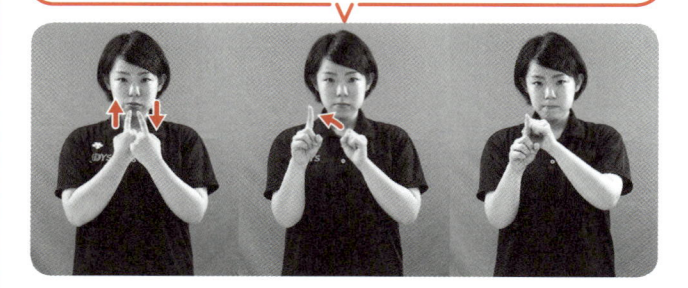

財布
（wallet）

カメラ
（camera）

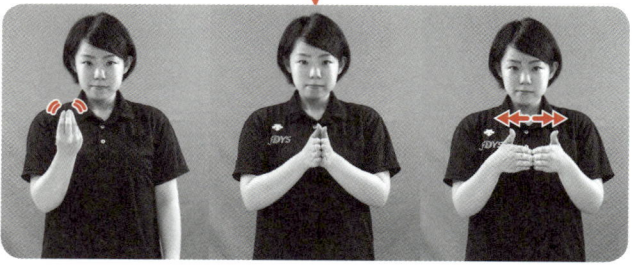

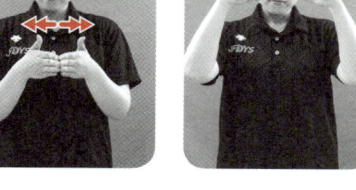

注意
（caution）

スマホ
（smartphone）

竜巻
（tornado）

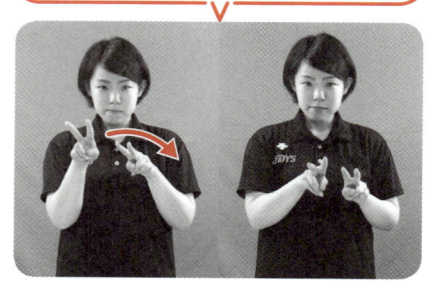

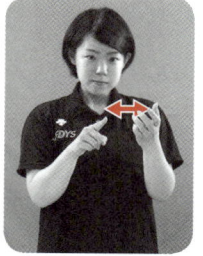

動画で
確認!!

第4章

形容詞・月・曜日・年・時制

形容詞

単語

大きい (large)

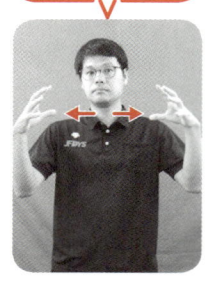

小さい (small)

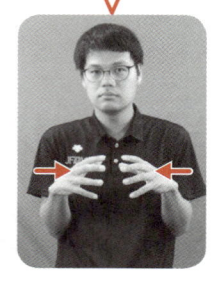

新しい (A) (new)

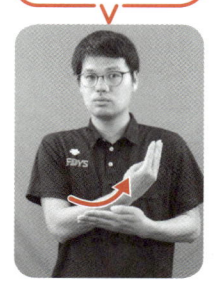

新しい (B) (new)

古い (old)

良い (good)

きれい (清潔) (clean)

きれい (美しい) (beautiful)

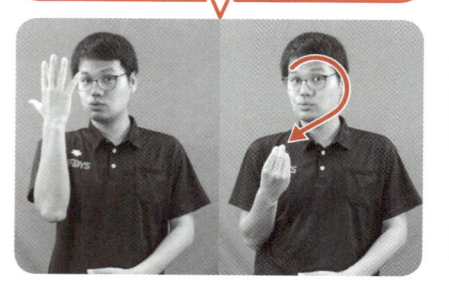

悪い (A) (bad)

悪い (B) (bad)

動画で確認!!

92

形容詞 | 単語

暑い
（hot）

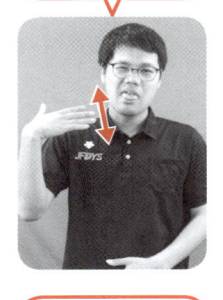

寒い
（cold）

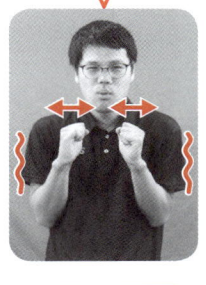

難しい
（difficult）

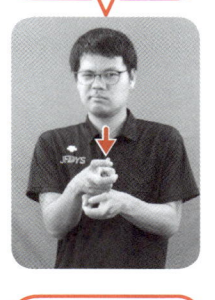

易しい
（easy）

おもしろい
（amusing）

ワハハハ

つまらない (A)
（boring）

ファ～

つまらない (B)
（boring）

楽しい
（fun）

嬉しい
（happy）

悲しい
（sad）

恥ずかしい
（embarrassed）

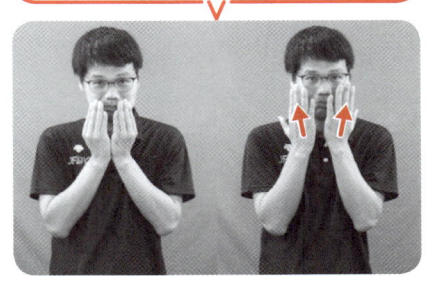

動画で
確認!!

形容詞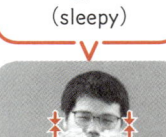

単語

好き (like)

嫌い (don't like / hate)

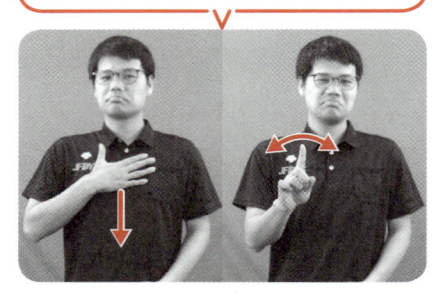

眠い (sleepy)

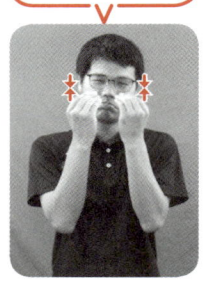

強い (strong)

弱い (weak)

怒る (get angry)

酸っぱい (A) (sour)

酸っぱい (B) (sour)

辛い (hot)

動画で確認!!

月・曜日・年　単語

カレンダー
（calendar）

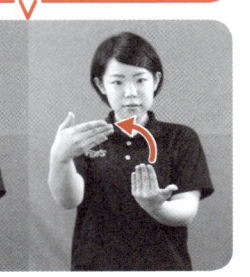

1月
（January）

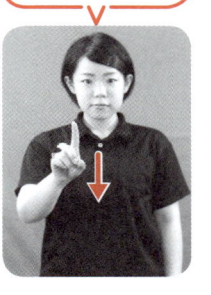

2月
（February）

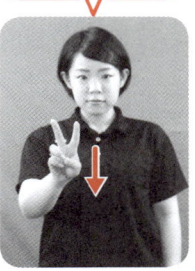

3月
（March）

4月
（April）

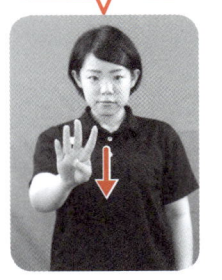

5月
（May）

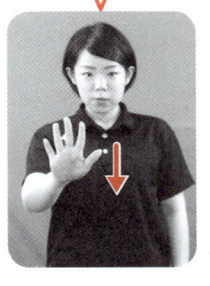

6月
（June）

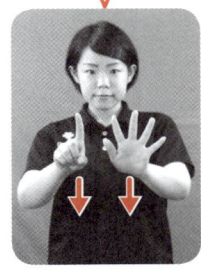

7月
（July）

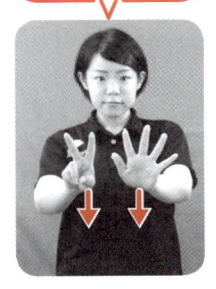

8月
（August）

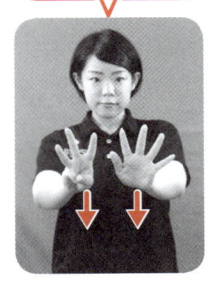

9月
（September）

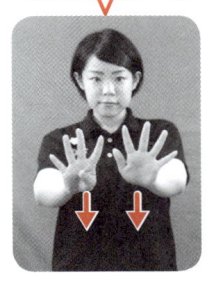

10月
（October）

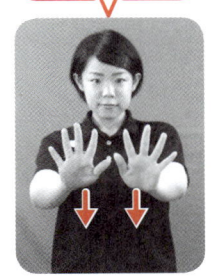

動画で確認!!

第4章 形容詞・月・曜日・年・時制

月・曜日・年

単語

11月
（November）

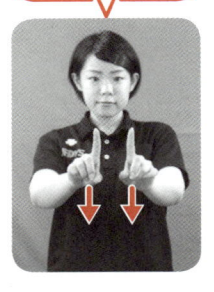

12月
（December）

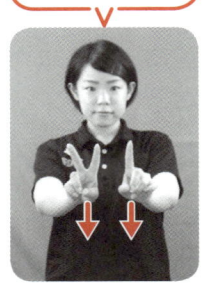

曜日
（day of the week）

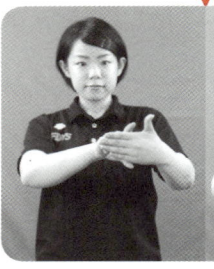

月曜日
（Monday）

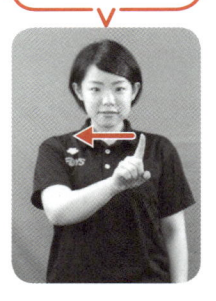

火曜日
（Tuesday）

水曜日
（Wednesday）

木曜日
（Thursday）

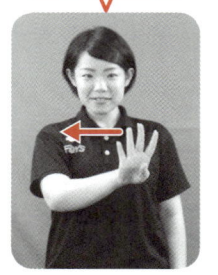

金曜日
（Friday）

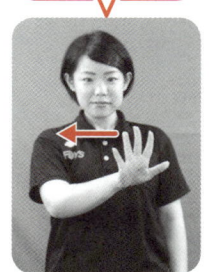

土曜日
（Saturday）

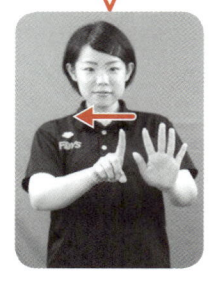

動画で
確認!!

月・曜日・年 単語

日曜日 (A)
（Sunday）

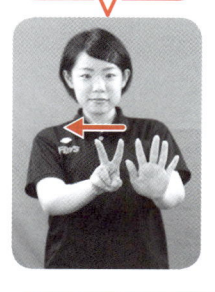

日曜日 (B)
（Sunday）

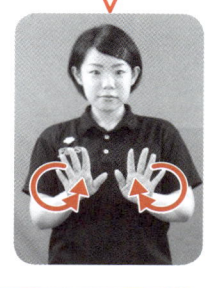

休日 (祭日)
（holiday）

年
（year）

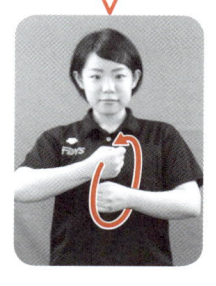

春
（spring）

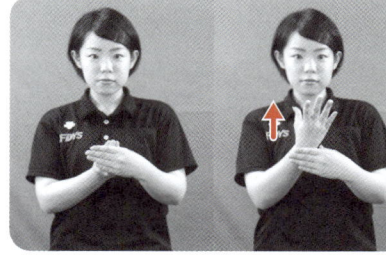

夏
（summer）

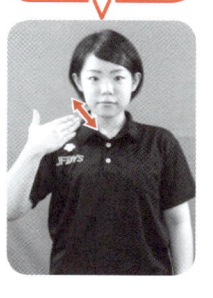

秋
（autumn）

冬
（winter）

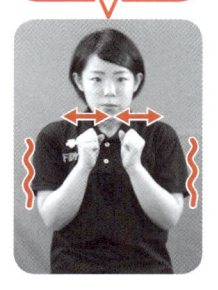

クリスマス
（Christmas）

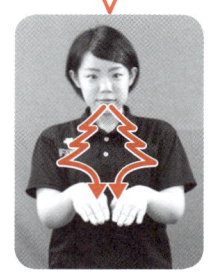

元旦
（New Year's Day）

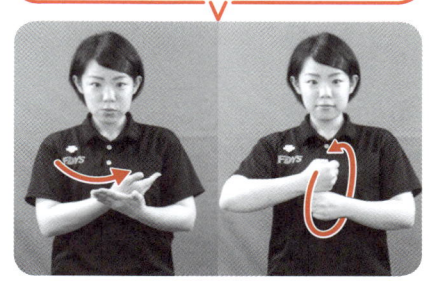

動画で確認!!

時制

単語

昨日
（yesterday）

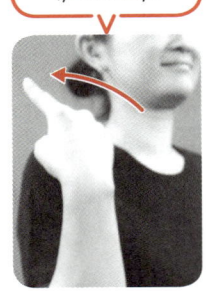

今日
（today）

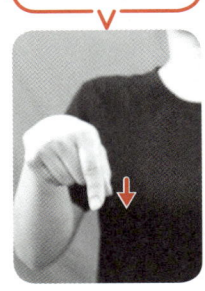

明日
（tomorrow）

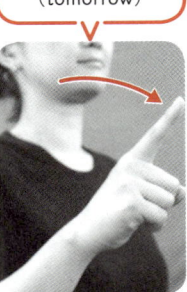
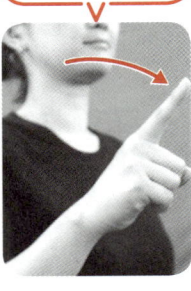

先週
（last week）

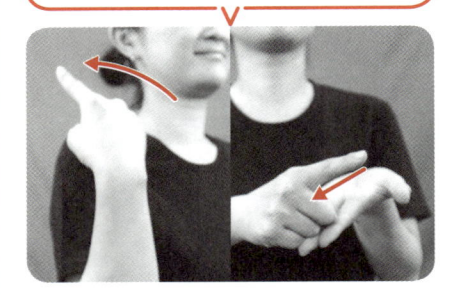

今週
（this week）

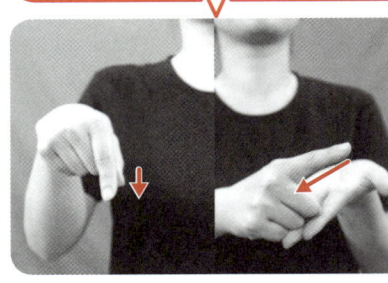

来週
（next week）

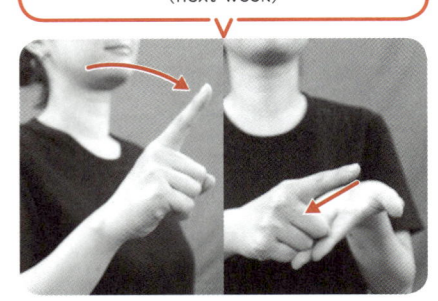

動画で
確認!!

時制

去年
（last year）

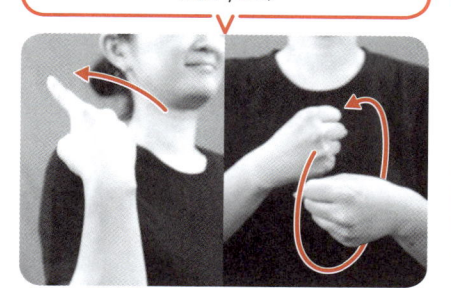

今年
（this year）

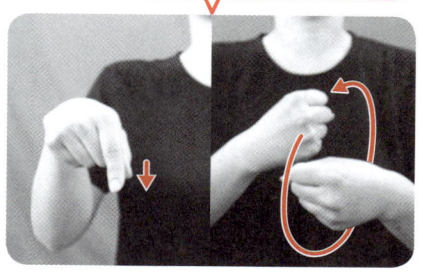

来年
（next year）

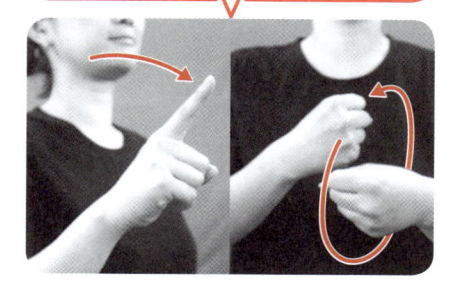

第4章
形容詞・月・曜日・年・時制

動画で
確認!!

とにかく話しかけよう!

（P62の続き）

　プレゼンが終わった後は、アジア各国のろう者たちと交流を楽しもう！と気合十分でした。でも、いざとなると、なかなか話しかけられない。国際手話はできず、相手の言っていることが分からない…。

　オドオドしている内に「相手は同じ、ろう者じゃないか！何をビクついているんだ!?」と勇気を振り絞って話しかけたことを今でも鮮明に覚えています。

　最初はインドネシアの方に話しかけました。JICA研修で来日された経験から、少し日本の手話言語ができました。ほぼ日本手話言語と身振りでしたが、なぜかこれに自信を持ち、話しかけていくようになりました。

　次はマカオろう協会の会長でした。（彼女とは後ほど、アジア青年部を共に立ち上げて行くことになるのです。）彼女は不運にも前夜、携帯電話を盗まれ落ち込んでいる時でした。私はなんとか励まそうと必死に国際手話（つもり）で話しかけました。

　ジャカルタではアジア各国のたくさんのろう者と交流を深めました。国際手話ができないからと尻込みしていたら、なかなか踏み出せません。「間違ってもいい、勇気を持って話しかける！」これがとても大切だと痛感しました。国際手話表現をどんどん覚えていき、アジアのことをより思うようになりました。

　そして「アジア青年部を立ち上げたい！」と、アジアの若い人たちに声をかけ、共にアジア青年部を立ち上げたことは、とても嬉しく、私のよき思い出になっています。

嶋本　恭規

第5章

国 名

国名　単語

イギリス
（United Kingdom）

アメリカ
（United States of America）

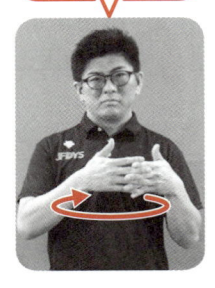

中国
（China）

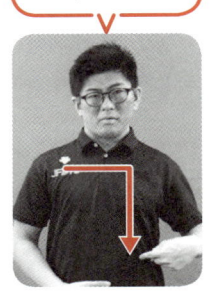

オランダ
（Netherlands）

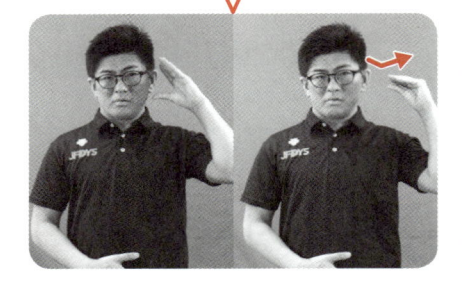

シンガポール
（Singapore）

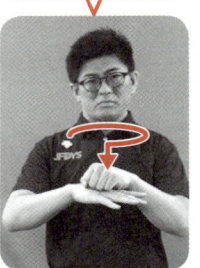

香港
（Hong Kong）

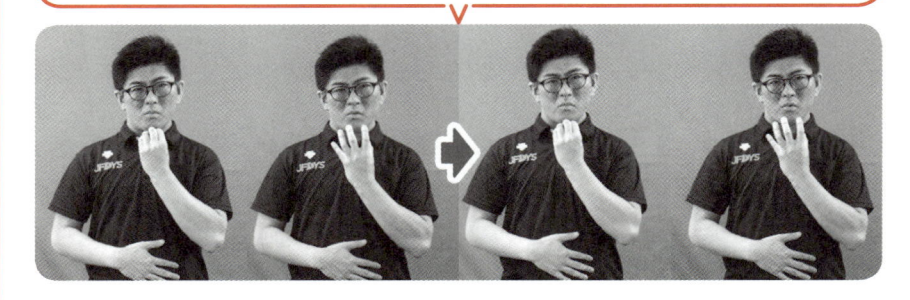

動画で
確認!!

国名　　単語

台湾（Taiwan）

タイ（Thailand）

韓国（Korea）
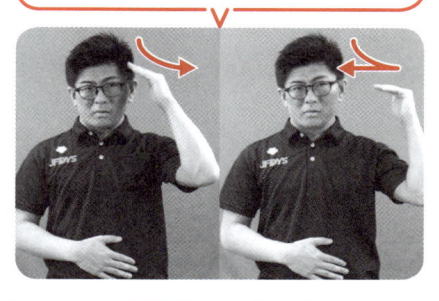

ブラジル（Brazil）
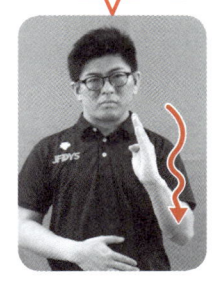

スイス（Switzerland）
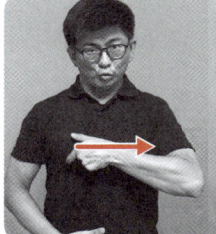

フランス（France）

イタリア（Italy）
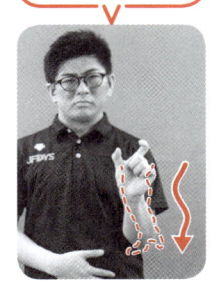

ドイツ（Germany）

トルコ（Turkey）

フィンランド（Finland）
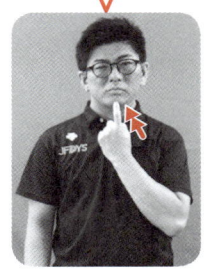

第5章
国名

動画で
確認!!

国名

単語

スウェーデン
（Sweden）

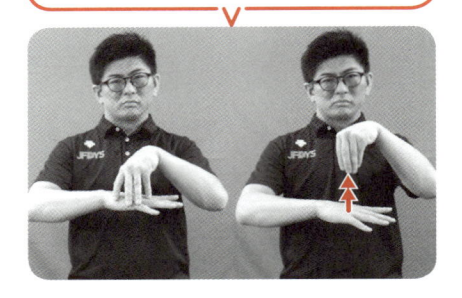

ロシア
（Russia）

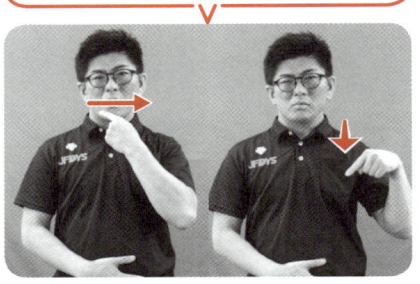

オーストラリア
（Australia）

ニュージーランド
（New Zealand）

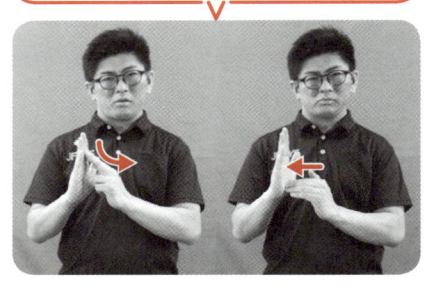

マレーシア
（Malaysia）

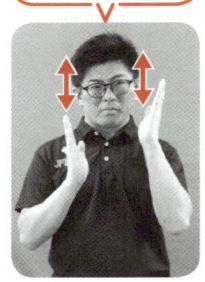

インド
（India）

スペイン
（Spain）

カナダ
（Canada）

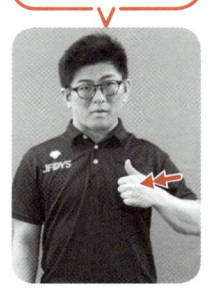

チリ
（Chile）

動画で確認!!

国名

ペルー
（Peru）

ボリビア
（Bolivia）

アルゼンチン
（Argentina）

メキシコ
（Mexico）

エジプト (A)
（Egypt）

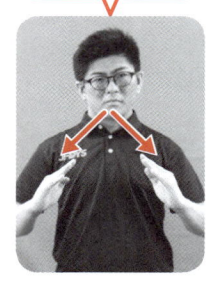

エジプト (B)
（Egypt）

南アフリカ
（South Africa）

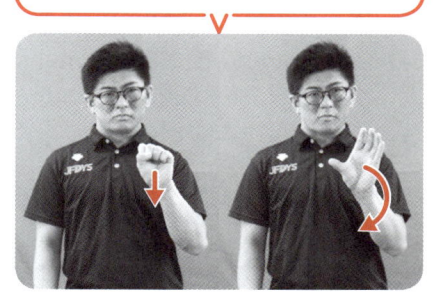

ケニア
（Kenya）

イスラエル
（Israel）

動画で
確認!!

国際手話ができると行動範囲が広がる!

　2019年の夏、世界ろう者会議inパリの後、あるグループ20人を引率してフランスとスイスを観光してまわりました。ホテル、交通などの手配は、日本の旅行会社ではなく、フランスのろう者が経営している旅行会社ACTISというところにお願いしたのです。えっ?　フランスのろう者が経営?　どうやって交渉するの?　20人ものツアーの組み立てをろう者が?と思われる読者が殆どだと思います。もちろん、ツアーの相談は、ビデオチャットで国際手話でやってきました。

　いざ、行ってみると、行く先々で現地のろう者ガイドが出迎えてくれ、一般の旅行会社では企画しないような所をまわり、この芸の細かさには本当に感嘆しました。

1）Musée Histoire et Culture des Sourds

　直訳すると、「ろう者の歴史・文化博物館」となるでしょう。パリから380kmのところにあるLouhans（ルーアン）という町にあり、フランスのろう者に関する歴史や資料などを展示しています。ろう者の学芸員がおり、国際手話で丁寧に解説してくれます。

2）Chaplin's World（チャップリン・ワールド）

　ちょび髭と山高帽のあの喜劇王チャーリー・チャップリンの記念館です。スイスのVevey（ヴヴェイ）の郊外Corsier（コルシエ）にあります。ろう者の職員がおり、国際手話でガイドをしてくれます。

3）Strasbourg（ストラスブール）のろう者サロンで交流会

　フランスとドイツの国境近くにあるストラスブール市には本格的なカウンターを備えたろう者サロンがあり、ストラスブール市ろう者協会の皆さんと飲み、食事しながら交流会をしました。

　以上、ほんの一例ですが、このようなツアーは、フランスのろう者の会社だからこそできた芸当だと思います。このような会社が世界中に広がればいいなと思っておりますし、国際手話は言語の壁を取り払ってくれる貴重なツールだと確信しています。

中山 慎一郎

第6章

アルファベット・数字

アルファベット

単語

 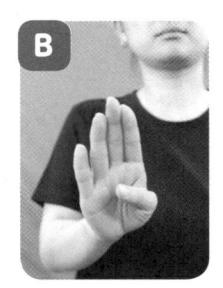 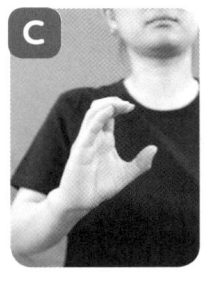 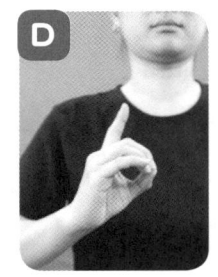

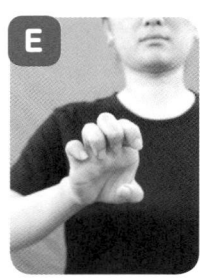 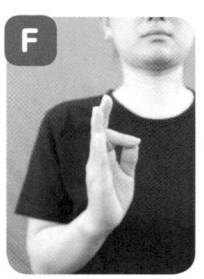  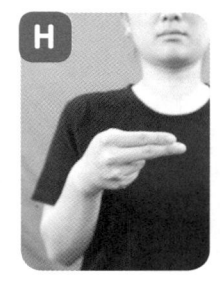

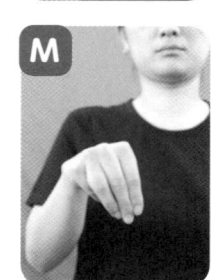  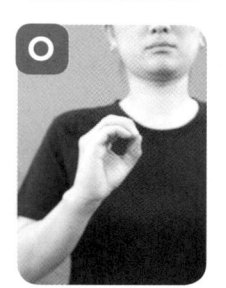 

動画で
確認!!

アルファベット

 Q
 R
 S
 T

 U
 V
 W
 X

 Y
 Z

第6章 アルファベット・数字

動画で確認!!

数字　　　　　　　　　　　　　　　　　単語

数字 number	1 one	2 two	3 three
4 four	5 five	6 six	7 seven
8 eight	9 nine	10 ten	

11 eleven	12 twelve
13 thirteen	14 fourteen

動画で
確認!!

第6章・アルファベット・数字

数字 単語

15	fifteen

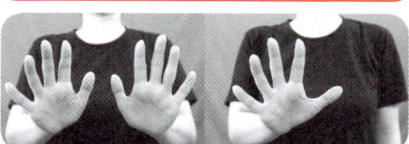

16	sixteen

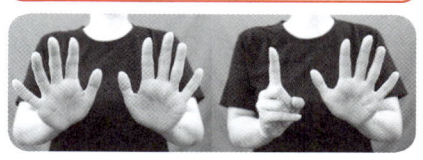

17	seventeen

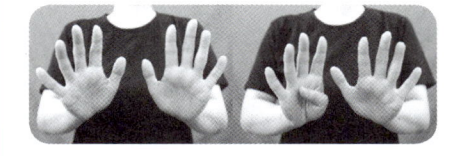

18	eighteen

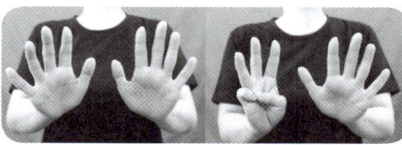

19	nineteen

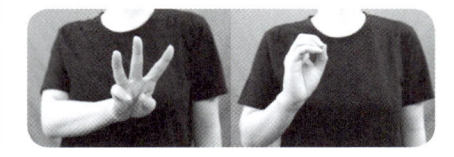

20	twenty

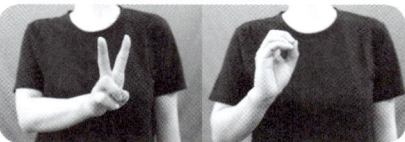

30	thirty

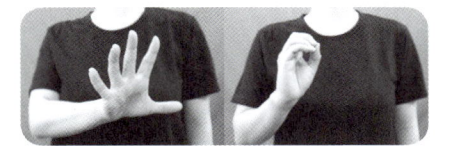

40	forty

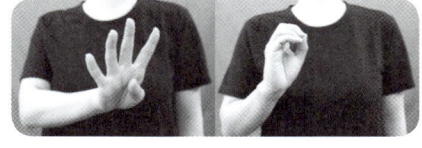

50	fifty

60	sixty

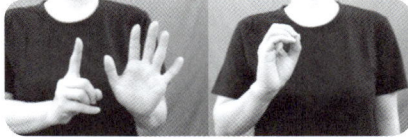

動画で
確認!!

第6章・アルファベット・数字

111

数字 単語

70 seventy

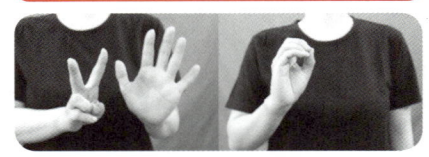

80 eighty

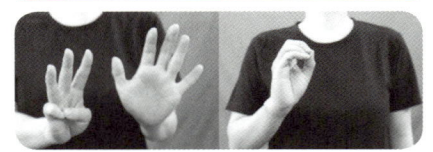

90 ninety

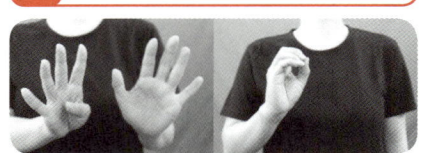

100 one hundred

1,000 one thousand

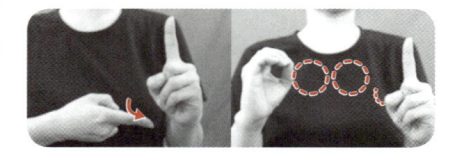

動画で確認!!

第7章

ろう者の国際活動

1. 世界ろう連盟（WFD）

　世界ろう連盟（WFD）は、1951年にイタリア・ローマで設立された、世界でも古い国際的な障害者団体の一つです。

　各国のろう者団体をとりまとめるNGO（非政府関係団体）で、国際連合（UN）ともつながりを持ち、各国の手話言語の地位向上やろう教育の改善等、ろう者の人権確立に力を注いでいます。2017年には世界ろう連盟の働きかけで国連第72回総会にて「9月23日を手話言語の国際デーとする」宣言が採択されました。

　設立当初は25カ国でしたが、今では135カ国のろう者団体が加盟する組織になりました。日本のろう者団体である全日本ろうあ連盟が加盟したのは1960年でした。

●世界ろう連盟の組織

- 最高の意思決定機関は評議員会で、4年に一度世界ろう者会議に合わせて開催されます。理事会は理事長・副理事長・理事9名の11名で構成し、年間予算や計画等を策定します。事務局は2019年現在フィンランドにあり、WFDニュースの発行等情報提供や事業等を担っています。

- 地域事務局は特定の地域のろう者団体で構成されるネットワークです。最初に作られたのは1984年の「アジア地域事務局」で、日本が最初の地域事務局を担当しました。今では南米、中央アメリカとカリブ諸国、東部および南部アフリカ地域等、8つの地域事務局があります。

- WFD青年部は18歳から30歳のろう青年を対象にした独立した委員会で、4年に一度青年部大会が世界ろう者会議にあわせて開催されます。今では世界ろう連盟から独立し独自にさまざまな事業を行っています。その一つが青年キャンプです。ほかにもジュニアキャンプ（13〜17歳）、子供キャンプ（8〜12歳）を開催し、各国の若いろう者・ろう児が集い交流しています。

　そして、これら世界ろう連盟が主催する会議・大会等の言語は、全て国際手話で行われます。

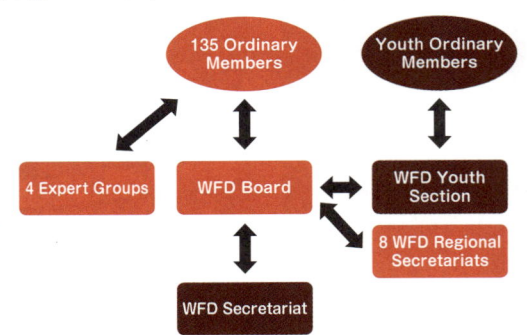

（1）世界ろう者会議

　世界ろう連盟が主催する世界ろう者会議は、4年に一度各国持ち回りで開催されます。第1回は1951年にイタリア・ローマで開催され、2019年に開催されたフランス・パリで第18回を数えました。毎回世界各地から多くのろう者が集い、会議・講演・発表など全て国際手話で行われます。

　日本が初めて世界ろう者会議に参加したのは、1967年にポーランド・ワルシャワで開催された第5回からでした。そして第6回欠席後、第7回のアメリカ・ワシントンに代表団を送り、その後は毎回出席しています。

●世界ろう者会議　日本で開催

　1991年の第11回世界ろう者会議はアジアで初めて、日本で開催されました。

　世界56カ国から約7000人が参加し、開会式の会場となった日本武道館をはじめ、各会場では講演会や分科会・オープンフォーラムや演劇祭典等が開催され、これまでにない大きな世界ろう者会議となりました。

　また、この会議で初めて日本のろう者が世界ろう連盟の理事に選出されました。

●各国の手話通訳者

　世界ろう者会議では世界ろう連盟の評議員会が開催される他、全体講演会や人権・手話言語・通訳・教育等の分科会が開催され、各国から論文が発表されます。会議には各国のろう者や聞こえる人も参加します。そのため国際手話通訳者のほかに、それぞれの国の手話通訳者も会場に立ち通訳が行われます。会場に各国の手話通訳者が並ぶ光景は、他では見ることのできない壮観で国際色豊かな光景です。

（2）第7回世界ろう連盟青年キャンプ（フランス）に参加して

　2019年7月14日（日）〜20日（土）、第7回世界ろう連盟青年キャンプがフランス・パリにて開催され、45ヶ国から約130名、日本からは2名が参加しました。世界ろう連盟青年キャンプは4年に一度開かれ、世界の国々から18〜30歳の青年が集い、リーダーシップ研修を行います。研修内容は主に講義、チームビルディング（仲間が想いを一つにして、設定したゴールに向かって進んでゆける組織づくり）、異文化交流で、国籍・文化・宗教等多種多様な背景を持つ参加者と情報・意見交換を行いながら、どのようにろう青年の活動を活発化させ、生活の質を向上していけるかを共に学びます。今回は世界ろう連盟コリン・アレン前理事長からの講演「世界ろう連盟について」をはじめ、「人権」「メディア」「エンパワーメント」「世界ろう連盟青年部のこれから」と分科会も多岐に渡り、すべてが新鮮に感じました。特に「人権」では政府に私たちの要求を通してもらうにはどうすべきか、どのような説得材料が必要なのか等をチームで考え、実践しました。チームビルディングでは、日本は韓国・中国・シンガポールと同じグループになりました。アジアはヨーロッパと比べ、制度等が遅れている部分もありますが、アジアにもアジアなりの魅力・長所がたくさんあることを再認識し、自信を持ち、強みに変えていこうと発表しました。また、ド・レペが創設した世界初のろう学校（パリ国立聾学校、INJS）を訪問する機会にも恵まれ、ろう教育の始まりの場所でキャンプに参加できたことを嬉しく思いました。この6日間の経験を今後の日本でのろう青年の活動に活かしていきたいと思います。

※主催：世界ろう連盟青年部
①青年キャンプ（18歳〜30歳が対象・世界ろう者会議と同じ時に開催）
　●キャンパー4名（全日本ろうあ連盟青年部中央委員会役員から選出派遣）
②ジュニアキャンプ（13歳〜17歳が対象・世界ろう者会議から2年後に開催）
　●キャンパー2名（全国から公募）
　●リーダー1名（全日本ろうあ連盟青年部中央委員会役員から選出派遣）
③子どもキャンプ（10歳〜12歳が対象・世界ろう者会議から3年後に開催）
　●キャンパー2名（全国から公募）
　●リーダー1名（全日本ろうあ連盟青年部中央委員会役員から選出派遣）

2. ろう者のオリンピック「デフリンピック」

●夏と冬の「デフリンピック」

デフリンピック（Deaflympics）はろう者のオリンピックとして、夏季大会が1924年にフランスで、冬季大会は1949年にオーストリアで初めて開催されました。とても古い歴史を持つ大会です。

国際ろう者スポーツ委員会（ICSD）の主催で夏冬共に4年に一度開催され、2017年にはトルコで第23回夏季大会（21競技・86カ国・選手約2900人）、令和元年となった2019年12月にはイタリアにて第19回冬季デフリンピックが開催されます。

各国の選手が集うデフリンピックでは、国際手話で友好を深めるのが大きな特徴です。

●参加者は？

参加資格は補聴器や人工内耳を外した状態で、聴力損失が55デシベル以上のろう者で、各国のろう者スポーツ協会の登録者であり、出場条件を満たした選手です。

また、デフリンピックでは練習や試合に関係なく、選手は競技会場に入ったら補聴器等を外すことが決められています。選手が公平な条件でプレーができるようにと考えられているのです。

●審判の笛やスターターの音は？

陸上や水泳などのスターターの音は、フラッシュランプで視覚的に選手に伝えられます。またサッカーやラクビーでは、審判は笛を吹くとともに旗または片手をあげて反則などを選手に知らせます。フラッシュランプはバスケットボールやハンドボールなど様々な競技で活用され、視覚的に工夫した競技環境が整えられています。

●日本選手 大活躍!!

第23回夏季大会（トルコ）には日本から選手108名を派遣し、陸上や水泳、バレーボール等で過去最高のメダル27個（金6・銀9・銅12）を、また、2015年に行われた第18回冬季大会（ロシア）では選手22名を送り出し、やはり冬季大会最高のメダル5個（金3・銀1・銅1）を獲得しました!!日本選手のこれからの活躍が楽しみです。

3. アジアろう児・者友好プロジェクト

●ろう児に教育を!

　全日本ろうあ連盟が創立50周年を記念して1996年に設立しました。「ろう者の自立には教育が不可欠。アジアの国々には学校に行けないろう児がたくさんいる。自分たちでできることを‥」と設立したのが始まりです。

　この思いは20年以上たった今も引き継がれています。そして、今ではろう児の支援にはその国のろう団体への支援も必要と活動の幅も広がっています。

　この支援はプロジェクトの中に「友の会」があり、事業に賛同いただいた方からの年会費(1口3,000円)や皆様からのカンパ等で賄われています。
(アジアろう児・者友好プロジェクト　https://www.jfd.or.jp/info/adff/　)

●いままでいただいた募金は下記につかわれました。

全日本ろうあ連盟アジアろう者友好基金の
資金援助により完成したプルワンチャルろう学校

私は、ワンウィサ・ルアン・プンです。
今、高校生です。大学に進学して勉強を続けたいと思っています。大学を卒業したら、全日本ろうあ連盟か、タイろう協会で働きたいと思っています。父も母もすでに他界してしまったので、私は今、祖母と一緒にくらしています。祖母は、盲の子どもと孫たちの面倒をみなければならないので、もし、全日本ろうあ連盟が助けてくださらなければ、学校をやめて、祖母を助けてアヒルを育てなければならないところでした。全日本ろうあ連盟と協力して、タイのろう学校の生徒たちに奨学金をくださったタイろう協会にも感謝します。
(ワンウィサ・ルアン・プン　19才　高校11年生)

僕は、ジョンフォル・クルドヘンです。
今、ノサンボリろう学校の中学部(2年生ルーム1)で学んでいます。タイろう協会をとおして、タイのろう者を支援するための日本からの奨学金を受けることができ、とても嬉しく思っています。僕は、おじと一緒にくらしています。父が亡くなったあと、僕の学費を払わなければならなかったため、おじは僕のことをあまり好きではないようです。母も、交通事故で亡くなりました。僕はなんとかして高校を卒業して、仕事につきたいと思っています。おじは、僕が小さいときから育ててくれたので、自立していくらかのお金をおじにわたせるようになりたいのです。
(ジョンフォル・クルドヘン　18才　中学校8年生)

奨学金を手に
チェンマイろう学校の児童と保護者、関係者

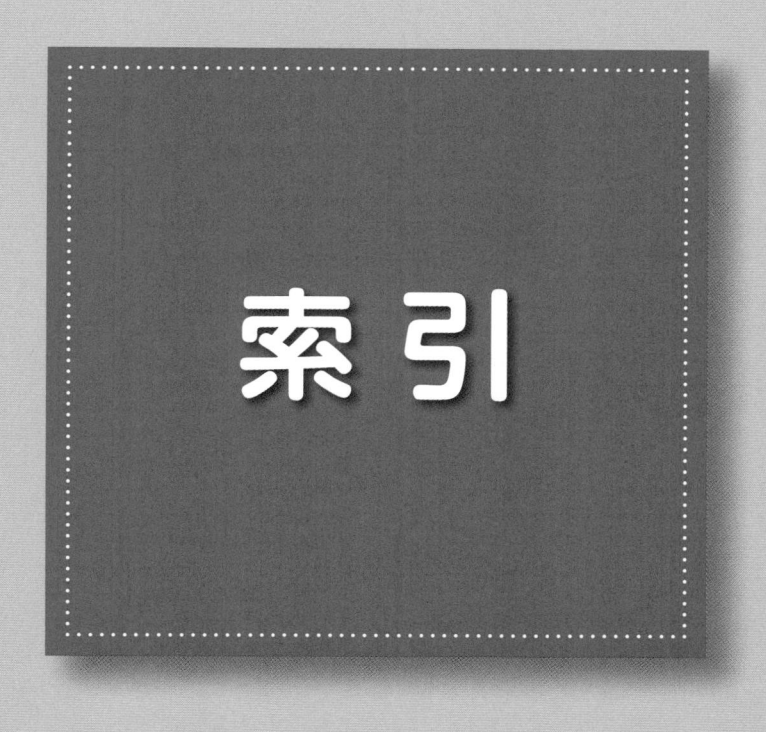

索引

索 引

あとがき

『Let's Try 国際手話』はいかがでしたか。

　本書の編集にあたり、当連盟青年部の方々にモデル、表紙のデザインなどご協力をいただきました。表紙のデザインも本書の内容も最高の出来映えで大変うれしく思います。

　若いろう者の頑張りが、本書に一層の彩りを添えたと言っても過言ではありません。

　また、国際手話の堪能な編集委員の3人には大変お世話になりました。編集委員会、また原稿の校正のたびに、「この国の文化」「手の動き」など、侃々諤々と議論を戦わすことの繰り返しでしたが、今回ほど充実した会議はありませんでした。

　編集委員長の拙者を盛り立ててくれた編集委員の皆さん、そして当連盟青年部の皆さん、この場をお借りして厚くお礼申し上げます。

　次回は、来日する外国のろう者とのコミュニケーションをコンセプトとした『Let's Try 国際手話2』を近いうちに発行したいと考えています。

　『Let's Try 国際手話2』を発行した暁には、国際手話をマスターした皆さんが、世界に羽ばたけることを期待しております。

　『Let's Try 国際手話2』の発行を楽しみに、読者の皆さんごきげんよう！

『Let's Try 国際手話』編集委員会
委員長　中橋　道紀

Let's Try 国際手話

2019年10月30日　初版発行
2024年 8 月 1 日　初版第4刷発行

● 編　集　　　　『Let's Try国際手話』編集委員会
　　　　　　　　（一財）全日本ろうあ連盟理事　中橋道紀　嶋本恭規
　　　　　　　　（社福）全国手話研修センター日本手話研究所外国手話研究部 部長　中山慎一郎
　　　　　　　　国際手話通訳者　郡 美矢

● 写真・動画モデル　（一財）全日本ろうあ連盟青年部
　　　　　　　　吉田 航　　　安斎 美和子　　　野添 亘　　　岡本 麻佑
● 撮影協力　　　（一社）埼玉県聴覚障害者協会　埼玉聴覚障害者情報センター
● 印刷・製本　　　株式会社 太平洋

● 定　価　　　　1,980円（本体1,800円＋税10%）
　　　　　　　　ISBN978-4-904639-22-1C0037¥1800E

● 発　行　　　　（一財）全日本ろうあ連盟
　　　　　　　　〒162-0053　東京都新宿区原町3-61　桂ビル2階
　　　　　　　　TEL 03-6302-1430　FAX 03-6302-1449
　　　　　　　　https://www.jfd.or.jp/

全日本ろうあ連盟
「出版物のご案内」
モバイルサイト

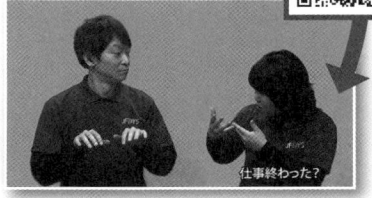

日常使える700語が学べる

本と動画でわかりやすい

初めての人だけでなく復習にも最適

初めて手話を学ぶ人に最適な1冊!

これは便利! 役に立つ!
DVDで楽しく学べる
はじめて出会う手話

楽しい!!
わかる!
できる!

日常生活で使える10シーンを
基本フレーズと単語でわかりやすく解説

一般財団法人 全日本ろうあ連盟

DVDで楽しく学べる
はじめて出会う手話

ろう者の魅力ある手話を収録したDVD付

「自己紹介」「家族」「趣味」「病院」「仕事」など
10シーンの短文・会話例と関連単語を収録!

手話学習に必要な「基礎知識」「Q&A」や
知っておきたい「単語集」も掲載! 解説も充実!

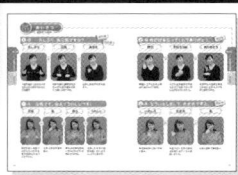
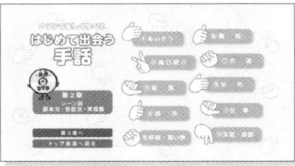

▲教本　　　　　　　　▲DVDメニュー画面

販売価格: 1,980円 (本体1,800円+税10%)
● A5判 (DVD付・約60分) ● 192ページ

ステップアップにはこちら **手話学習者のバイブル!**

わたしたちの手話学習辞典 I

価格 ¥2,860 (¥2,600+税10%) A5判 2色刷646ページ **3,500語掲載**

販売部数 **13万部** 突破!

128